Henning Kullak-Ublick

Jedes Kind
ein Könner

Henning Kullak-Ublick

Jedes Kind ein Könner

Fragen & Antworten zur Waldorfpädagogik

Verlag Freies Geistesleben

1. Auflage 2014

ⓔ auch als eBook erhältlich

Verlag Freies Geistesleben
Landhausstraße 82, 70190 Stuttgart
www.geistesleben.com

ISBN 978-3-7725-2725-8

Vorwort   7

Waldorfschule – Ein kurzer Überblick   9

Erziehung ist Selbsterziehung   21

Instrumente der Freiheit   29

Vergessen und Erinnern   37

Es war einmal … und gilt auch heute noch   45

Vorbilder bilden   53

Der Kopf braucht Hand und Fuß   61

Auf den zweiten Blick   69

Feste feiern – feste Feiern   79

Von der Erfahrung zur Erkenntnis   87

Kinder sind Poeten   95

Prüfungen gehören zum Leben   103

Besondere Stärken – besondere Schwächen   109

Anthroposophie und Waldorfpädagogik   115

Stuttgarter Erklärung   121

Statt eines Nachworts   123

Hinweise   146

Vorwort

Waldorfschulen sind ebenso erfolgreich wie umstritten. Während Eltern die individuelle Förderung ihrer Kinder, die Geborgenheit in einer von Werten getragenen Gemeinschaft, das vielfältige künstlerische und handwerkliche Angebot und die Unabhängigkeit von staatlichen Lehrplänen schätzen, begegnen ihnen immer wieder Einwände, die Waldorfschulen seien elitär, leistungs- und technikfeindlich, weltfremd («Namenstänzer») oder die Kinder würden weltanschaulich beeinflusst.

Obwohl aktuelle wissenschaftliche Studien diese Vorurteile durchweg widerlegen und führende Hirnforscher viele Unterrichtsmethoden der Waldorfschulen als vorbildlich bezeichnen, ist es für Eltern nicht ganz leicht, sich ihr eigenes Bild davon zu machen, worin denn nun das Besondere dieser Schulen besteht und wie es dort im Schulalltag zugeht.

85.000 Schülerinnen und Schüler besuchen gegenwärtig eine der 232 Waldorfschulen in Deutschland (Stand März 2014). Weltweit gibt es weit über 1.000 Waldorfschulen und fast drei Mal so viele Waldorfkindergärten. Die Abiturientenquote von Waldorfschülern liegt über dem Durchschnitt der Bundesländer, Waldorf-Absolventen werden in der Arbeitswelt wegen ihrer Initiativkraft und Teamfähigkeit geschätzt und kommen, wie empirische Studien zeigen, im

Berufsleben sehr gut zurecht. Viele Ideen, die an Waldorf-schulen entwickelt wurden, haben Eingang ins staatliche Schulwesen gefunden.

Dieses Buch will Eltern und anderen Interessierten dabei helfen, das Leben an einer Waldorfschule an Beispielen aus der Praxis kennenzulernen. Es gibt konkrete Antworten auf viele häufig gestellte Fragen – hervorgehoben, kurz und knapp, wie etwa die Fragen: Wodurch unterscheiden sich die Waldorfschulen von anderen Schulen? Wie sieht der Unter-richtsalltag aus? Was ist daran besonders waldorftypisch? Ist «ganzheitliches Lernen» mehr als ein Schlagwort?

Die in den einzelnen Kapiteln versammelten Geschich-ten aus dem Unterrichtsalltag sind keine wissenschaftlichen Abhandlungen; sie geben vielmehr Einblicke in die tägliche Arbeit eines Klassenlehrers, schließen weite Bereiche des Schullebens ein und schließen mit Erläuterungen, einer Lehrplanübersicht und weiterführenden Hinweisen ab.*

Man muss das Buch nicht unbedingt chronologisch lesen, um es zu verstehen. Die ganze Vielfalt der Waldorf-schulpraxis entfaltet sich allerdings erst durch die Summe der einzelnen Kapitel, an deren Anfang eine kurze Einfüh-rung in die Grundzüge der Waldorfpädagogik steht.

Bei den vielen Kindern und Jugendlichen, die 27 Jahre lang meine Lehrer waren, möchte ich mich von Herzen be-danken. Einige von ihnen werden sich in den Geschichten wiedererkennen. Ihre Namen, hier und da auch Ort und Zeit, habe ich geändert, nicht aber die Ereignisse selbst.

---

* Die zwischen die Kapitel gestreuten Fragen und Antworten orientieren sich an den «21 Fragen», die der Bund der Freien Waldorfschulen in der Reihe *Blickpunkt* veröffentlicht hat.

Waldorfschule – Ein kurzer Überblick

Singen, Gärtnern, Malen, Rezitieren, Zeichnen, Schnitzen, Stricken, Schmieden, Bildhauern, Theaterspielen, Backen, Plastizieren und Eurythmie – dies und noch einiges mehr verbinden die meisten Menschen mit der Waldorfschule. Und sie haben Recht. Weniger bekannt ist, dass all diese künstlerischen und handwerklichen Übfelder aber gar nicht die Hauptsache der Waldorfpädagogik sind, sondern nur besonders augenfällige Bestandteile eines pädagogischen Gesamtkonzeptes, welches das Denken, Fühlen und Wollen jedes einzelnen Kindes beim Lernen gleich ernst nimmt und den Kindern zugesteht, in verschiedenen Lebensaltern auf ganz unterschiedliche Weise zu lernen.

Der griechische Philosoph Heraklit sprach vor 2.500 Jahren einen Gedanken aus, der (hier mit den Worten François Rabelais') noch heute unvermindert gilt:

«Kinder wollen nicht wie Fässer gefüllt, sondern wie Fackeln entzündet werden.»

Was aber bedeutet das für die pädagogische Praxis? Wie entzündet man denn diese Fackel? Die einzelnen Kapitel dieses Buches geben Einblicke in die Antworten der Waldorfpädagogik auf diese Fragen. Diese Einleitung gibt zunächst einen Überblick über einige wichtige Grundzüge der Waldorfschulen.

Als Rudolf Steiner 1919 auf Bitten des Industriellen Emil Molt die Leitung einer Schule für die Kinder der Tabakarbeiter seiner Stuttgarter Waldorf-Astoria-Zigarettenfabrik übernahm, blickte er bereits auf eine jahrzehntelange Forschung zu den körperlichen, geistigen und psychisch-sozialen Wechselwirkungen in der biografischen Entwicklung des Menschen zurück.

Anfang des 20. Jahrhunderts gab es viele Bestrebungen, der Schule echtes Leben einzuhauchen, mit deren Ansätzen Steiner natürlich bestens vertraut war. Was die von ihm entwickelte Pädagogik von der Reformpädagogik unterscheidet, ist vor allem die Tatsache, dass er kein pädagogisches Programm installierte, sondern die Lehrerschaft dazu anhielt, die individuelle und gemeinsame Entwicklung der Kinder genau zu beobachten und die Unterrichtsmethoden immer wieder neu darauf abzustimmen. Seine methodischen und didaktischen Anregungen leitete er wesentlich aus seinen anthropologisch-anthroposophischen Forschungen ab. Deswegen ist die Waldorfpädagogik kein statisches Modell, sondern in fortwährender Entwicklung begriffen und konnte sich weltweit in ganz unterschiedlichen Kulturen verbreiten. Während seiner fünfjährigen Schulleitertätigkeit gab Steiner allerdings eine Fülle von Anregungen, deren Aktualität und Fruchtbarkeit für die pädagogischen Herausforderungen der Gegenwart immer wieder verblüffend ist.

Was Hänschen mit den Händen lernt, wird Hans mal mit dem Kopf verstehen

Kinder lernen in unterschiedlichen Lebensphasen auf ganz unterschiedliche Weise. Der Dichter Jean Paul Richter sagte über die ersten Lebensjahre, ein Kind lerne mehr von seiner «Amme» als ein Weltreisender während seines ganzen weiteren Lebens. Tatsächlich nehmen kleine Kinder mit einer für uns Erwachsene unerreichbaren Hingabe alles auf und eignen sich nachahmend an, was in ihrer Umgebung passiert. Zugleich entwickelt sich auch ihr Körper noch besonders schnell. Im Zusammenspiel dieser sinnlich-aktiven Erkundung der Welt und ihrer körperlichen Reifung bauen die Kinder das konstitutionelle Fundament für ihr ganzes weiteres Leben. Lernen ist in diesem Alter ein andauernder schöpferischer Prozess, der nicht durch eine zu frühe Intellektualisierung gestört werden sollte. Deshalb schaffen Waldorferzieher im Kindergartenalter eine Umgebung, die lauter Anregungen für die Nachahmung gibt und in der sich die Kinder durch Bewegung, Rhythmus und differenzierte Sinneserfahrungen gesund entwickeln können.

Wenn sie älter werden, lernen die Kinder immer mehr, ihre Aufmerksamkeit gezielt auf etwas zu richten, das Gedächtnis auszubilden und Zusammenhänge nicht nur zu erfahren, sondern aktiv zu erkennen. Das ist die Zeit, in der das Lernen in einer Klassengemeinschaft beginnen kann. An der Waldorfschule wird eine Klasse idealerweise acht, an manchen Schulen auch sechs Jahre lang von einem Klassenlehrer* begleitet, der die Kinder jeden Morgen empfängt und mit dem die Kinder mindestens die erste Doppelstunde, den sogenannten «Hauptunterricht», verbringen. Gemeinsam mit ihrem Lehrer begeben sich die Kinder auf eine lange gemeinsame Entdeckungsreise, während der er sie vom Rechnen zur Mathematik, vom Schreiben- und Lesenlernen zur Literatur, von der Heimatkunde zur Geografie und Geschichte und vom Ackerbau zur Biologie, Chemie und Physik führt. Das stellt hohe pädagogische Anforderungen an die Klassenlehrer, die deshalb schon während ihrer Ausbildung darauf vorbereitet werden, sich gründlich mit ganz unterschiedlichen Fachgebieten vertraut zu machen, diese kreativ zu vermitteln und sich später laufend fortzubilden. Es kommt aber vor allem dem Bedürfnis der Kinder nach einer Bezugsperson, der sie verbindlich vertrauen können, entgegen. Rudolf Steiner nannte das in der Sprache seiner Zeit «geliebte Autorität», womit er zugleich klarstellte, dass Autorität kein Anspruch ist, sondern durch Authentizität verdient sein will.

Im Anschluss an den Hauptunterricht folgt der Fachunterricht, den wechselnde fachlich ausgebildete Lehrer erteilen. Dazu gehören die Fremdsprachen, die vom ersten Schuljahr an unterrichtet werden, Sport, Musik, Eurythmie und Handarbeit, später auch das Werken mit Holz, Gartenbau und eine ganze Reihe von Ensembles, die in der Regel als Wahlpflichtfächer angeboten werden.

---

* Klassenlehrer, Schüler etc. sind Beschreibungen der jeweiligen Tätigkeitsfelder und keine Geschlechtsbezeichnungen. Sie gelten natürlich genauso für Lehrerinnen und Schülerinnen.

Von der Einschulung bis zum zwölften Lebensjahr, in dem die Kinder zunehmend ein reflektierendes, «erwachsenes» Bewusstsein entwickeln, wird an der Waldorfschule sehr darauf geachtet, der sich entwickelnden inneren Vorstellungswelt der Kinder, ihrer Phantasie, Nahrung zu geben. Deshalb werden im «Erzählteil» des Hauptunterrichts viele Märchen, später auch die großen Mythen der Menschheit, erzählt.

Auch der Naturkundeunterricht beginnt mit konkreten Beobachtungen und Bildern; abstrakte Modellvorstellungen folgen erst, wenn die Kinder gründlich geübt haben, selbst hinzuschauen und das Wesentliche durch eigenes Denken herauszufinden. Die Kinder entwickeln ihre Urteilsfähigkeit in diesem Alter hauptsächlich durch eigenes Handeln, reflektierendes Beschreiben und schließlich begriffliches Verstehen des Erfahrenen. Die Waldorfschule legt großen Wert darauf, dass dieser Dreischritt beim Lernen wirklich gegangen werden kann, weil Lernen dadurch zu einem aktiven Vorgang wird und damit die Grundlage für die so oft gehörte Forderung eines lebenslangen Lernens bildet.

Für die jungen Menschen nach der Pubertät verlagert sich der Schwerpunkt des pädagogischen Geschehens zunehmend auf Informationsgewinnung und die Erlangung praktischer, theoretischer, sozialer und individueller Urteilskompetenzen. Hier beginnt die Oberstufe. Hier hat auch die wissenschaftliche Begriffsbildung im engeren Sinne ihren altersgemäßen Platz. Abstrakte Begriffsbildungen der modernen Naturwissenschaften werden in die Betrachtungen des Unterrichts einbezogen, wobei weiterhin ein ergebnisoffener, forschender, auf eigenen Wahrnehmungen und

Schlussfolgerungen beruhender Unterricht praktiziert wird. Der mehrwöchige Epochenunterricht wird weiter beibehalten, aber jetzt mit wechselnden Lehrern, die eine fachspezifische wissenschaftliche Ausbildung durchlaufen haben.

Gestalten, Beschreiben, Erkennen

Über ihre Bewegung, ihre Phantasie und den Gebrauch ihrer Sinne erschließen sich insbesondere die jüngeren Schulkinder Zugänge zur Welt, in die sie außer dem Verstand auch ihr Herz, ihre Neugier und ihr Weltinteresse mitnehmen können. Das Lernen erfolgt, wie oben schon beschrieben, in dem Dreischritt Gestalten, Beschreiben (Sortieren, was wichtiger oder weniger wichtig ist) und schließlich das Bilden eines Begriffes.

Was für jeden einzelnen Lernvorgang gilt, charakterisiert zugleich die Schwerpunkte der Arbeit mit den Kindern in der Unter- und Mittelstufe und später mit den Oberstufenschülern: Zuerst wird die Welt vor allem handelnd erfahren, gefolgt vom genauen Hinschauen und der künstlerischen Auseinandersetzung mit dem Unterrichtsstoff; mit der Pubertät nimmt die abstrakte Begriffsbildung einen wachsenden Raum ein.

Damit folgt die Waldorfschule dem Prinzip des «entdeckenden Lernens», das den Kindern immer mehrere Wege anbietet, sich mit einem Thema auseinanderzusetzen. In der Heimatkunde einer vierten Klasse kann das beispielsweise bedeuten, dass die Schüler ein Wachsmodell ihrer Stadt im Mittelalter bauen, daran die Bedeutung der Stadtmauern und des Stadtrechts kennenlernen, alte Lieder und Volkstänze ihrer Gegend lernen und zugleich die Herkunft der Straßennamen, die wirtschaftlichen und politischen Gründe für die Entstehung ihrer Stadt entdecken. In ihren selbst gefertigten Schulbüchern, den «Epochenheften», protokollieren sie die wichtigsten Dinge, die sie erfahren haben, und gestalten diese Hefte individuell. Die Vielfalt dieser Zugänge zum Unterrichtsstoff lässt sich in jedem Fach entwickeln und bietet jedem Kind die Möglichkeit, an mindestens einer dieser Aktivitäten Feuer zu fangen und von da aus weiterzugehen. Das ist eine äußerst ökonomische Art zu unterrichten, weil sie fächerübergreifend Fähigkeiten ausbildet, die auch auf ganz anderen Gebieten wieder von Nutzen sind.

Im Chemieunterricht einer siebten Klasse, also in einem Alter, das schon deutlich von den seelischen Achterbahnfahrten der Pubertät geprägt ist, kann man wunderbar mit Feuer, Säuren und Laugen arbeiten und erfahren, wie Substanzen sich verändern, wie es zischt, kocht und kracht – und dass das alles beherrschbar ist. Auch hier gilt wieder: Ein Experiment durchführen, dann genau beschreiben, was man gesehen hat, das Wesentliche protokollieren und dann erst die Gesetze formulieren. So entsteht Wissen aus Erfahrung und Beobachtung. Eine solche Epoche eignet sich auch dazu, im Chor beispielsweise Goethes reichlich dramatischen «Zauberlehrling» zu rezitieren. Wenn sich die Schüler in einer späteren Deutschepoche mit Goethe oder im Physikunterricht mit der Problematik der Kernspaltung auseinandersetzen, haben sie dafür eine zusätzliche Erfahrungsbasis.

Vom neunten Schuljahr an spielen Praktika eine immer wichtigere Rolle. Die Schüler arbeiten auf Bauernhöfen, im Wald, suchen sich ein Sozialpraktikum aus, verbringen einige Wochen mit dem Vermessen einer Landschaft und sammeln Erfahrungen in Wirtschaftsbetrieben, im Handwerk oder in sozialen Einrichtungen.

Im achten und zwölften Schuljahr – die Schüler bleiben unabhängig von ihrem angestrebten Schulabschluss idealerweise zwölf Jahre lang in einer Klassengemeinschaft – stehen jeweils eine große Klassenfahrt, eine Theaterproduktion und ein künstlerischer Abschluss sowie die sogenannten Jahresarbeiten an.* Letztere sind selbst gewählte Aufgaben, die von den Schülern bis zu einem Jahr lang verfolgt und ausgearbeitet werden. Das kann der Bau eines Liegefahrrads, eine wissenschaftliche Analyse der umliegenden Gewässer, ein großes Kunstprojekt oder etwas ganz anderes sein. Entscheidend ist, dass die Ergebnisse der Arbeit mit einem Vortrag vor der Schulgemeinschaft präsentiert werden, dass es eine schriftliche Ausarbeitung und ein echtes Ergebnis gibt. Die Jahresarbeiten sind bedeutende Prüfungen, in denen das individuelle Können jedes Einzelnen in Erscheinung tritt.

Kunst, Handwerk und Wissen stehen an der Waldorfschule nicht in Konkurrenz zueinander, sondern ergänzen sich gegenseitig zu einem Ganzen. Dieses Ganze ist der Mensch selbst, der seine Individualität in der schöpferischen Begegnung mit anderen Menschen, der Welt und am Ende auch sich selbst entwickelt.

---

* An manchen Waldorfschulen verteilen sich diese Projekte auf das elfte und zwölfte Schuljahr

Die Waldorfschule ist kein vollkommener Kosmos und keine Insel der Seligen. Auch an Waldorfschulen machen die Schüler Krisen durch, auch hier muss man sich anstrengen, um zu lernen, auch hier werden reichlich Fehler gemacht, auch hier gibt es bessere und schlechtere Lehrer und auch hier kommt es vor, dass sich Eltern oder Schüler enttäuscht abwenden. Da jede Waldorfschule aber nur besteht, weil sie von konkreten Eltern gewollt wird, die sehen, dass ihre Kinder meistens gerne zur Schule gehen, und weil dort mit wenigen Ausnahmen nur Lehrer arbeiten, die sich bewusst für diese Schule mit dieser Pädagogik entschieden haben, ist eine Dynamik mit eingebaut, aus der immer wieder Neues entsteht und mit der auch Krisen gemeistert werden können. Waldorfschulen sprechen von einer «Eltern-Lehrer-Trägerschaft». Das verlangt allen Beteiligten Interesse, Einsatzfreude und Geduld ab. Die Belohnung ist ein Schulleben, bei dem jeder die Erfahrung machen kann: Jedes Kind ist ein Könner.

Welche Kinder werden an einer Waldorfschule aufgenommen?

Waldorfschulen stehen grundsätzlich allen Kindern offen – unabhängig von ihrer Religion, ethnischen Herkunft, Weltanschauung oder dem Einkommen der Eltern. Mit jedem Kind findet vor der Aufnahme ein ausführliches Kennenlerngespräch statt, für die Eltern gibt es einführende Elternabende und individuelle Informationsgespräche. Auch in höhere Klassen können Schüler als sogenannte «Quereinsteiger» aufgenommen werden.

Worin unterscheiden sich Waldorfschulen von anderen Schulen?

Waldorfschulen wollen die intellektuellen, kreativen, künstlerischen, praktischen und sozialen Fähigkeiten der Kinder und Jugendlichen gleichgewichtig entwickeln. Insbesondere in den jüngeren Klassen spricht alles Lernen die Eigentätigkeit und Phantasie der Schüler an, um ihnen eine selbst erfahrene Grundlage für ihr Wissen zu geben.

Je älter die Schüler werden, desto reflektierter und selbstständiger gestalten sie die Lernvorgänge selbst. Vom ersten Schuljahr an lernen Waldorfschüler mindestens eine, spätestens vom zweiten Schuljahr an zwei Fremdsprachen kennen. Jungen und Mädchen stricken, nähen und schneidern gemeinsam in der Handarbeit und sägen, hämmern und feilen zusammen im Werkunterricht. In jeder achten und zwölften Klasse studieren sie ein anspruchsvolles Theaterstück ein und setzen sich in einer großen Jahresarbeit mit einem Thema ihrer Wahl in Theorie und Praxis auseinander. Die Fächer Gartenbau und Eurythmie sind feste Bestandteile des Lehrplans.

Erziehung ist Selbsterziehung

7:40 Uhr. Wanja und Leander, sechs Jahre alt und Zwillinge, klettern wie jeden Morgen vor der Schule aus dem Auto ihrer Mutter. Leander flitzt über den Hof ins Schulhaus und fängt um 7:42 Uhr damit an, die Hausschuhe seiner Klassenkameraden zu vertauschen. Kurze Zeit später beginnt ein herrliches Suchchaos, das in dem winzigen Vorraum der Klasse durchaus nicht allen Kindern, Leander dafür aber umso mehr Freude macht. Um 8:00 Uhr haben endlich alle ihre «Puschen» gefunden, sind von mir per Handschlag begrüßt worden und über einen langen Balken in die Klasse balanciert, wo sie es sich auf den im Kreis angeordneten Bänken gemütlich machen. Alle Kinder sind jetzt richtig angekommen, und der Unterricht kann beginnen. Alle Kinder? Nein, eine Ausnahme gibt es: Um 8:10 Uhr öffnet sich noch einmal ganz leise die Klassentür, und Wanja kommt herein.

Jeden Morgen ist das so: Leander erreicht den Klassenraum immer als Erster, Wanja immer als Letzter. Sehr bald habe ich gelernt, noch vor Leander in der Klasse zu sein, denn der Unsinn, der ihm fast immer einfällt, macht auch vor den Tränen anderer Kinder nicht halt. Nur: Was mache ich mit Wanja? Um 7:55 Uhr ist offizieller Unterrichtsbeginn, und es kann doch nicht sein, dass er wirklich immer zu spät kommt. Wo bleiben Ordnung, Disziplin und Rhythmus? Ich kann die Klasse nicht allein lassen, um ihn aufzusammeln – und seine Mutter versichert mir, bei Wanja gehe es einfach nicht schneller. Wir werden sehen – aber zuerst muss ich kurz unseren Tageslauf erklären: An einer Waldorfschule beginnt der Tag immer mit dem sogenannten «Hauptunterricht», der sich über mehrere Wochen konzentriert mit einem Thema befasst, bevor er in einer neuen «Epoche» zu einem anderen Fach wechselt.

Nach dem Hauptunterricht folgen noch andere Fächer, aber los geht es immer mit der Epoche. Dieser Unterricht dauert bei uns hundert Minuten – deshalb legen meine Erstklässler auch um kurz nach 9:00 Uhr eine kleine Frühstückspause ein. Nach einem Tischspruch oder Lied wird gefuttert und geschnattert, und nach dem Abräumen warten alle schon auf das Märchen, mit dem der Hauptunterricht meist endet.

Es ist immer wieder eine Offenbarung, Kindern beim Essen zuzuschauen! So auch unseren Zwillingsbrüdern: Während Leander sein Schulbrot in kürzester Zeit herunterschlingt, dabei ohne Punkt und Komma mit anderen Kindern spricht und ständig in Bewegung ist, packt Wanja sein Schulbrot mit einer solchen Andacht aus, dass er für den ersten Bissen gerade bereit ist, wenn die anderen Kinder schon wieder alles zusammenpacken. So geht es mit allem: Leander weiß zu allem etwas zu sagen, aber sein Interesse verschwindet, wenn er sich erst melden soll, genauso schnell wieder, wie es plötzlich aufgeblitzt war. Wanja meldet sich auch nie. Wanja schweigt.

Kann man für zwei so verschiedene Kinder überhaupt den gleichen Unterricht machen? Und was ist, wenn nicht nur zwei, sondern dreißig Kinder zusammen in einer Klasse sind, dreißig Individualitäten aus mindestens dreißig Familien, mit den unterschiedlichsten Begabungen, Neigungen, Charaktereigenschaften, schon gelebten Schicksalen und Erwartungen ihrer Familien? Das Erstaunliche ist: Man kann. Allerdings spielt das Wie dabei eine entscheidende Rolle, weil vom Wie abhängt, ob Lernen ein «individueller Erfahrungsweg» oder ein «reproduzierender Anpassungsvorgang» ist. Kurz: Lernen die Kinder das Lernen (und Arbeiten) als einen lebenslangen Freund oder als ein notwendiges Übel kennen, dem man möglichst aus dem Weg gehen sollte?

Die Waldorfpädagogik bezieht dazu eine sehr klare Position, indem sie Schule als einen Ort versteht, der überhaupt nur dann Sinn macht, wenn alle lernen – also nicht nur die Schüler, sondern ebenso ihre Lehrer und (sofern sie das wollen) auch ihre Eltern. «Erziehung ist immer zugleich Selbsterziehung», so lautet die Grundidee. Denn ohne Selbsterziehung der Erwachsenen droht Erziehung zur Dressur zu werden. Wenn aber alle auf Entdeckungsreise sind, entsteht eine Lernatmosphäre, in der es um eine fortwährende Bildung von Fähigkeiten geht.

An der Waldorfschule begleitet ein Klassenlehrer «seine» Klasse mindestens sechs, meistens acht Jahre lang, also von der Einschulung bis weit in die Pubertät hinein. Leander, Wanja, all die anderen Kinder und ich bilden sozusagen eine «Familie auf Zeit», allerdings eine Familie, die sich nicht auf unsere Verwandtschaft, sondern auf unsere gemeinsame Aufgabe gründet, also auf das Lernen. Meine

Aufgabe ist es, eine Klassengemeinschaft zu bilden, in der die Kinder sich in ihrer Verschiedenheit gegenseitig achten und fördern lernen. Teamfähigkeit und soziale Kompetenz gründen auf der Achtung vor dem anderen. Und weil ich mit den Kindern gemeinsam von Epoche zu Epoche gehe, bin auch ich ständig auf Entdeckungsreise. Ich lerne von ihnen und sie lernen von mir. Deshalb lassen wir auch niemanden sitzen, sondern finden Wege, Hindernisse zu überwinden. Es geht beim Lernen immer um das Entdecken der eigenen Fähigkeiten, niemals um Selektion. Angstfreies Lernen braucht eine Atmosphäre des Vertrauens.

Doch Vertrauen als Ziel genügt noch nicht, denn es entsteht nicht an einer organisatorischen Idee, sondern durch gemeinsames Handeln. Unterricht muss so lebendig sein, dass jedes Kind einen Anknüpfungspunkt für sein eigenes Handeln, seine Selbstwirksamkeit, finden kann. Deshalb muss ich den größeren Teil meiner Vorbereitung nicht auf den «Stoff», sondern auf die Frage verwenden, wie die Kinder selbst entdecken können, worauf es ankommt. Wenn ich meine Phantasie in Bewegung bringe, gehe ich morgens mit dem Schwung in die Klasse, der allein den Funken überspringen lässt.

So lasse ich beispielsweise Leander nachzählen, wie viele Schnürsenkel die Schuhe im Vorraum haben und wie viele Schuhe braun, mehrfarbig, aus Leder oder aus Stoff sind. Damit muss er so viele Aufgaben gleichzeitig lösen, dass er dabei vorübergehend ganz ruhig wird. Mit Wanja übe ich unterdessen das Zählen, wobei wir die Zahlen abschreiten und nach einiger Zeit immer eine Zahl auslassen. So entsteht das Einmalzwei aus dem Rhythmus, und von da aus kann er zum Erinnern der Zahlen übergehen.

Leander und Wanja habe ich acht Jahre lang als Klassenlehrer begleitet und auch später niemals ganz aus den Augen
verloren. Irgendwann verstand ich, warum Wanja immer zu
spät kommen musste: Er sah auf dem Weg zur Klasse so
unendlich viel, dass es wirklich nicht schneller ging. Seine
Mutter hatte natürlich Recht behalten, und daher fand ich
eine ältere Schülerin, die ihn immer zur Klasse begleitete.
Er entpuppte sich als begnadeter Zeichner und studierte
später Ökologie. Ein großer Schweiger blieb er. Sein Bruder
zeigte später ein beachtliches Schauspieltalent. Das Abitur
machten beide, aber was sie gelernt haben, ging weit darüber
hinaus: Sie machten beide die Erfahrung, dass sie jederzeit
über sich hinauswachsen können. Sie müssen es nur selbst
tun.

Wer war Rudolf Steiner und was hat er mit der Waldorfpädagogik zu tun?

Rudolf Steiner war Philosoph, Naturwissenschaftler und Goethe-Forscher. Mit der Anthroposophie, die er als Geisteswissenschaft konzipierte, entwickelte er einen individuellen, christlich-spirituellen Entwicklungsweg, aus dem zahlreiche soziale und praktische Arbeitsfelder hervorgingen.
Auf Bitten von Emil Molt, dem damaligen Besitzer der Stuttgarter Waldorf-Astoria-Zigarettenfabrik, gründete er 1919 die erste Waldorfschule für die Arbeiter der Fabrik. Inhalt und Methoden der Waldorfpädagogik beruhen auf Rudolf Steiners Erkenntnissen über die Entwicklung von Kindern und Jugendlichen, beziehen aber selbstverständlich auch die pädagogische Forschung der Gegenwart ein. Neben der Pädagogik fanden Rudolf Steiners Forschungen auch Eingang in die biologisch-dynamische Landwirtschaft, die Anthroposophische Medizin und die Kunst.

Muss ein Kind künstlerisch begabt sein, damit es für die Waldorfschule geeignet ist?

Nein, die Waldorfschule ist eine Schule für alle Begabungsrichtungen. Handwerk und Kunst sind aber sehr wirkungsvolle pädagogische Instrumente, die allen Kindern zugutekommen. Die moderne Hirnforschung belegt, dass Kinder und Jugendliche durch künstlerisches Üben neuronale Strukturen ausbilden, die ihnen weit über die unmittelbare Tätigkeit hinaus zur Verfügung stehen. Wenn Waldorfschüler malen, zeichnen, plastizieren oder musizieren, geht es daher vor allem um die Schulung differenzierter Wahrnehmungen und die Entfaltung ihres schöpferischen Potenzials; die Begabungen der einzelnen Schüler werden dabei natürlich berücksichtigt. Die Kunst steht nicht in Konkurrenz zur intellektuellen Entwicklung der Schüler, sondern erweitert diese um zusätzliche Erfahrungsfelder.

Instrumente der Freiheit

Leoni, drei Jahre alt, steht am Zaun, der den Gartenteich ihrer Eltern umschließt. Oft hat sie zugesehen, wie die Nachbarskatzen auf den Zaunpfosten darauf lauerten, dass sich die Goldfische zu nah ans Ufer wagten, um sie mit einem blitzschnellen Schlag ihrer Pfoten aus dem Wasser zu wischen. Plötzlich ruft sie ihrem Vater zu: «Ich weiß, warum der Zaun da ist: damit die Fische nicht weglaufen!» Leoni hat das Denken entdeckt.

Wer denkt, verbindet Wahrnehmungen miteinander, die ohne diese Anstrengung gar keinen Zusammenhang hätten. Leoni hat zwar noch nicht alles verstanden, aber sie weiß jetzt, dass ein Zaun dazu da ist, jemanden ein- oder auszuschließen. Sie hat einen Begriff gebildet, der sie künftig jeden Zaun als Zaun erkennen lässt – ganz gleich, wie er aussieht. Das konnte sie, weil sie aufmerksam war, und zwar sowohl gegenüber dem, was sie mit ihren Augen sah, als auch gegenüber dem, was sie daran erlebte. Wahrnehmung und Denken sind die beiden Tätigkeiten, die beim Lernen immer zusammenkommen müssen.

Wie sehr das Lernen mit Aktivität verbunden ist, zeigt die deutsche Sprache, die für das Erkennen die gleichen

Worte hat wie für das, was wir mit unseren Händen und Beinen tun: Wir begreifen, verstehen, erfahren die Welt. Jedes Kind erobert seine Umgebung, indem es sie zuerst mit seinen Händen betastet, zu den Dingen hinkrabbelt und sie sogar in seinen Mund steckt. Kurz: Es erschließt sich die Welt über seinen Willen, zwar noch weitgehend unbewusst, aber in vollkommener Hingabe an alles, was es vorfindet. Daran knüpfen seine Empfindungen und Gefühle an, aus denen schließlich Erkenntnisse und Fähigkeiten werden.

Der Dreischritt vom Wollen über das Fühlen zum Denken wird uns buchstäblich in die Wiege gelegt. Als Leoni noch ganz klein war, sah sie ihre Eltern und Geschwister immer aufrecht gehen. Sehen und selber tun waren eins, und deshalb hörte sie nie auf zu üben, bis sie alleine laufen konnte. Dabei machte sie zwei für ihre weitere Biografie entscheidende Erfahrungen: Ich kann mich aufrichten und ich kann meine Balance halten! Außerdem konnte sie ihre Hände von jetzt an dazu nutzen, um gestaltend in die Welt einzugreifen. Sie wurden zu Instrumenten ihrer Freiheit.

Der nächste große Schritt war das Sprechen-Lernen. Leoni hörte den Worten ihrer Eltern nicht einfach nur zu, sondern bildete alles, was sie hörte, bis in ihre feinsten Muskelbewegungen hinein nach. Mit allen Fasern ihres Seins lebte sie in der Sprache, bis sie erst einzelne Laute, dann Silben, dann Worte und schließlich ganze Sätze sprechen konnte. Sie konnte anderen Menschen erzählen, was sie fühlte und dachte. Ihr zweiter Etappensieg auf dem Weg zur Freiheit.

An ihrer Muttersprache lernte Leoni, immer differenzierter zu denken, bis sie um ihr drittes Lebensjahr entdeckte, dass sie nicht nur den Tieren, Menschen, Blumen und Gegenständen Namen geben konnte, sondern auch sich selbst: «Ich» – den einen Namen, den jeder Mensch sich nur alleine geben kann. Leoni konnte sich jetzt selber denken, was der nächste riesige Emanzipationsschritt war, denn sein Leben in die Hand nehmen kann nur, wer von sich weiß.

Das meinte der Dichter Jean Paul mit den Worten: «Ein Mensch lernt in seinen ersten drei Lebensjahren mehr von seiner Amme als ein Weltreisender auf all seinen späteren Reisen.» Die entscheidende Frage ist allerdings, wie das Lernen auch über das dritte Lebensjahr hinaus so geübt werden kann, dass es ein Leben lang anregend bleibt und nicht irgendwann versiegt.

Die Waldorfpädagogik beobachtet sehr genau, welche Weltzugänge sich die Kinder in verschiedenen Lebensaltern erschließen, damit sie die Inhalte und Methoden des Unterrichts auf die altersgemäße Entdeckerfreude abstimmen kann.

Während bei kleineren Kindern alle Willensimpulse, Gefühle und Gedanken unmittelbar miteinander und mit ihrer leiblichen Entwicklung verbunden sind, erleben die älteren Kinder sie zunehmend als eigenständige Seelenkräfte, die ihre eigene Nahrung brauchen. Der Mensch besteht eben nicht nur aus seinem Kopf oder seinem Herzen oder seinen Willensimpulsen. Echtes Lernen ist immer schöpferische Aneignung, an der alle drei Seelenkräfte beteiligt sind.

Aus diesem Grund wird Leoni an der Waldorfschule lernen, ihre Schulbücher zu Beginn selber zu schreiben und dabei viel Aufmerksamkeit auf die Gestaltung zu verwenden. Dadurch kann sie sich viel tiefer mit dem Unterrichtsstoff verbinden als durch die bloße Informationsaufnahme. Bevor sie die Buchstaben schreibt, hat sie schon gründliche Erfahrungen mit Linien, Proportionen und der Orientierung im Raum gemacht. An vielen Versen hat sie die Feinheiten und die Schönheit der Sprache erlebt, und die Geschichten, die sie zu jedem einzelnen Buchstaben hört, regen sie dazu an, über lebendige Vorstellungen ein geschmeidiges Denken auszubilden. Wenn sie am Ende einen Buchstaben in ihr Heft zeichnet, hat sie ihn nicht nur mit dem Kopf kennengelernt, sondern, wie mir ein Erstklässler einmal erklärte, auch ganz «persönlich».

Eine solche Herangehensweise braucht Zeit, aber diese erweist sich als gute Investition. Leoni lernt dabei nämlich viel mehr als nur das Schreiben. Sie übt eine Form der Begegnung mit der Welt, bei der ihre Kreativität genauso gefordert ist wie ihr Erinnerungsvermögen. Lernen wird für sie zu einem Freund, der ihr über den unmittelbaren Anlass hinaus dauerhaft zur Seite stehen kann.

Wenn Leoni einige Jahre später physikalische Experimente kennenlernt, wandelt sich die Methode, aber wieder geht es darum, dass sie aktiv beobachtet und selbst denkt. Sie übt, konzentriert hinzuschauen und ihre Beobachtungen anschließend ganz genau zu beschreiben. Erst am nächsten Tag sucht sie die Gesetzmäßigkeiten, die sich in ihren Beobachtungen offenbaren. So übt sie, ihre Willenskräfte gezielt einzusetzen. Eine PISA-Studie führte die überdurchschnittlichen naturwissenschaftlichen Kompetenzen von Waldorfschülern unmittelbar auf diese «phänomenologische» Unterrichtsmethode zurück. Was Leoni am Gartenteich spontan erlebte, wird zur bewussten Erkenntniskraft. Vielleicht ist das wichtiger als alle Lernstandards der Welt.

PS: An Waldorfschulen kann man nicht sitzenbleiben, weil das dem Ideal, jedem Kind die Chance zu geben, seine Fantasie, seine Herzenskräfte und seinen Willen genauso in Bewegung zu setzen wie seinen Verstand, vollkommen widersprechen würde. Jedes Kind ist zugleich der Lehrer seiner Lehrer, sodass alle zusammen eine lernende Gemeinschaft bilden. Dabei wächst neben allem Wissen auch fortwährend die soziale Kompetenz.

Ist es nicht so, dass hauptsächlich Kinder mit Lernschwierigkeiten auf eine Waldorfschule gehen?

Ausdrücklich nein. An Waldorfschulen lernen Kinder aller Begabungsrichtungen. Das geschieht sowohl im Klassenverband als auch in kleineren Gruppen oder durch individuelle Förderung. Um die frühe Selektion der Schüler nach Leistungsstandards vermeiden zu können, sind Waldorflehrer darin geschult, ihre Methoden flexibel an die Bedürfnisse der Schüler anzupassen und verschiedene Zugänge zu den Unterrichtsinhalten zu eröffnen. Das stellt hohe Anforderungen an die Lehrer. Deswegen haben Weiterbildungsmaßnahmen und eine intensive kollegiale Zusammenarbeit einen hohen Stellenwert an Waldorfschulen.
Die individuelle Förderung von Kindern mit besonderem Assistenzbedarf ist eine wichtige Säule der Waldorfpädagogik, die an Schulen mit einem inklusiven Konzept, an heilpädagogischen Förderschulen und in enger Zusammenarbeit mit Therapeuten und Ärzten umgesetzt wird.

Stimmt es, dass Waldorfschulen immer sehr große Klassen haben?

Das ist von Schule zu Schule verschieden,
aber es stimmt, dass große Klassen insbesondere
an städtischen Schulen keine Ausnahme sind.
Allerdings werden diese Klassen nach
dem gemeinsamen Epochenunterricht zu
Beginn des Schultages in vielen Fächern
in kleinere Gruppen aufgeteilt.
Die unterschiedlichen Lernerfahrungen in
größeren und kleineren Gruppen ergänzen sich
durchaus sinnvoll. In einer großen Klasse entsteht
durch die vielen unterschiedlichen Persönlichkeiten, Begabungen und Interessen der Kinder
eine soziale Gemeinschaft, in der die
jungen Heranwachsenden im Lauf von zwölf
Schuljahren sehr viel aneinander lernen.
Schüler, die sich in einem Fach leichter tun,
helfen denen, die es schwerer haben.
Schüler, die besonders schnell auffassen oder eine
besondere Begabung zeigen, bekommen besondere
Aufgaben, die sie individuell herausfordern.

Vergessen
und Erinnern

In den USA haben sich mehr als 200 Menschen in flüssigem Stickstoff einfrieren lassen. Manche von ihnen litten an einer unheilbaren Krankheit, andere starben ganz einfach an Altersschwäche, aber alle hofften, dank des medizinischen Fortschritts nach ihrem Tod irgendwann zum «ewigen Leben» erweckt zu werden. Offensichtlich fürchteten sie, dass der Tod ihnen nicht nur ihren Leib, sondern mit ihm auch alles andere, was sie zu Menschen macht, insbesondere das Bewusstsein ihrer eigenen Existenz, rauben würde. Sie hatten Angst vor dem Vergessen.

In alten Zeiten wurde der Schlaf auch der «kleine Bruder des Todes» genannt. Nicht selten fallen wir abends todmüde ins Bett, stehen morgens aber quicklebendig wieder auf – im Schlaf passiert viel mehr als das Ausknipsen der Lichter. Wer Kinder erziehen und unterrichten will, tut deshalb gut daran, etwas über das Einschlafen und Aufwachen, das Erinnern und Vergessen und, wie wir sehen werden, sogar über das Ein- und Ausatmen zu erfahren. Die Waldorfschule nimmt diese Polaritäten sehr ernst, weil sie eine so tiefe Wirkung auf die Gesundheit und das Lernvermögen der Kinder haben, dass sie das ganze weitere Leben prägen können.

Finn, siebte Klasse, will einen englischen Sketch auswendig lernen. Immer wieder hat er den Text auswendig zu sprechen versucht, das Manuskript aber schließlich genervt in die Ecke geschmissen und ist schlafen gegangen. Am nächsten Morgen sammelt er es wieder auf, liest die Worte einmal ab und – kann den ganzen Text flüssig sprechen. Finn hat im Schlaf ganz offensichtlich weitergelernt, obwohl er sich nicht daran erinnern kann.

Fionna, vierte Klasse, tut sich mit dem Bruchrechnen schwer. Das synchrone Klatschen von ganzen, halben, Viertel- und Achtelnoten in verschiedenen Schülergruppen war kein Problem: Jeder kann ja hören, dass vier Achtelnoten gleich lang wie eine halbe und zwei halbe Noten so lang wie eine ganze tönen. Aber wie man diese musikalische Empfindung in eine Rechenoperation umwandeln kann, erschloss sich Fionna während ihrer dreiwöchigen Epoche noch nicht ganz. Sie konnte die Verhältnisse fühlen, aber noch nicht denken. Ihre Eltern waren deshalb ein bisschen besorgt, denn sie wussten, dass sich die Schülerinnen und Schüler durch die mehrwöchige Konzentration auf ein Hauptfach zwar gründlich mit dem Stoff auseinandersetzen, aber würde Fionna nicht alles wieder vergessen haben, bis die nächste Rechenepoche begann? Würden die anderen Epochen nicht überlagern, was sie gerade zu verstehen begonnen hatte?

Diese Sorge hört man als Klassenlehrer oft. Und tatsächlich beginnt eine Rechenepoche nicht selten mit einem leisen Stöhnen, bevor sie an Fahrt aufnimmt. Am Anfang steht nämlich immer die Wiederholung, und die ist unbequem: Man muss sich gehörig anstrengen, um wieder hervorzuholen, was in der letzten Epoche gelernt wurde. Dabei machen Klassenlehrer immer wieder eine erstaunliche Erfahrung: Nach diesem mühsamen Hervorholen von scheinbar Vergessenem können die Kinder oft mehr als am Ende der letzten Epoche, und zwar ganz besonders die Kinder, die noch einige Unsicherheiten mitgenommen hatten. Auch Fionna kann auf einmal kürzen und erweitern und macht die freudige Entdeckung, dass sie jetzt denken kann, was vorher noch unter einem Schleier lag. Plötzlich macht ihr das Rechnen Freude. Deswegen ist die Wiederholung eine ganz eigene Kunst, die den Schülern hilft, ihren Willen im Denken zu aktivieren. Das ist eine sehr elementare Erfahrung, die zugleich Voraussetzung für eine freie Urteilsbildung im Erwachsenenleben ist.

Während Finn also im Schlaf gelernt hat, konnte Fionna mehr erinnern, als sie vergessen hatte. Entscheidend für beide war, dass sie sich aktiv mit ihrem Thema auseinandergesetzt hatten, bevor sie es «vergaßen»: Finn hatte an seiner Rolle geübt, Fionna die Musikalität von Brüchen erspürt. Beide setzten sich tätig gestaltend mit ihrem Stoff auseinander. Das aber konnten sie nur, weil sie ihre Gefühle beim Lernen nicht beiseiteschieben mussten, sondern als Erkenntnisinstrumente einsetzen konnten.

Von den Hirnforschern wissen wir, dass die Gefühle, die wir beim Lernen haben, für das Leben viel entscheidender sind als die erinnerbaren Inhalte. Während Letztere zum allergrößten Teil ziemlich bald vergessen werden, prägen sich die Empfindungen, die mit dem Lernen einhergehen, bis in die Hirnstrukturen ein. Wird man im späteren Leben mit einer ähnlichen Aufgabe konfrontiert, kommen zuerst diese Gefühle hervor und entscheiden sogar oft darüber, ob man die Herausforderung annimmt oder ihr ausweicht. Es kommt also sehr viel darauf an, dass Kinder sich beim Lernen als Könner erleben, die sich ihren Stoff schöpferisch aneignen.

Und damit sind wir beim Atmen angekommen. Der Atem verläuft, wie auch der Blutkreislauf, in Rhythmen. Unser rhythmisches System ermüdet nicht einmal im Schlaf, sondern schenkt uns gerade dann, wenn unser anstrengendes Bewusstsein für einige Zeit ruht, neue Kräfte. Wie eng Rhythmus auch mit unseren Gefühlen verbunden ist, spricht sich in Redewendungen wie dem «stockenden Atem», dem «in den Adern gefrierenden Blut», dem «kaltblütigen Killer» oder dem «heißblütigen Temperament» aus. Gelingt es, den Unterricht rhythmisch zu gliedern, also Phasen der Konzentration und solche der Lösung, Zeiten der Aktivität und solche des Zuhörens, künstlerische und gedankliche Arbeit in einen lebendigen Wechsel zu bringen, wirkt man unmittelbar auf die Gesundheit der Kinder ein.

Das ist auch so, wenn sie ihre Fantasie zum Lernen verwenden können, weil sie dann mit ganzem Herzen bei der Sache sind. Wenn Afrika auf dem Lehrplan steht und die Kinder afrikanische Lieder singen, afrikanische Gewürze kosten, eine Geschichte über ein Buschkind hören und mit der Hand eine Landkarte von Afrika zeichnen, wissen sie danach nicht weniger, sondern mehr über das Land, als wenn sie einfach Fakten aufgenommen hätten. Denn natürlich steht am Ende des Weges immer auch das Wissen. Der Unterschied ist «nur», dass die Kinder unterwegs mit ihrem ganzen Wesen involviert sind.

Das Prinzip des schöpferischen Vergessens und Erinnerns gehört zum grundlegenden methodischen Instrumentarium der Waldorfschule. Neue Unterrichtsinhalte werden fast immer zuerst erfahren, gestaltet, getan und dann erst einmal überschlafen, bevor sie reflektiert und erklärt werden. Dadurch schulen die Schüler ihre Aufmerksamkeit und aktivieren ihr eigenständiges Denken. Das Vergessen ist der Jungbrunnen, der Entwicklung überhaupt erst möglich macht. Der Schlaf kann uns das lehren. Wer das bereits in der Kindheit erfährt, wird es ein Leben lang nutzen können. Vielleicht erzählt er es denen, die sich einfrieren lassen, um dem größeren Bruder des Schlafes zu entrinnen. Aber das ist eine andere Geschichte.

Stimmt es, dass es an Waldorfschulen keine Noten und kein Sitzenbleiben gibt?

Auch wenn Waldorfschulen in der Unter- und Mittelstufe auf Noten verzichten, werden die Leistungen der Schüler selbstverständlich gewürdigt. An Stelle der Noten stehen individuelle Beurteilungen, in denen die Lehrer auf die Lernfortschritte und die Persönlichkeitsentwicklung ihrer Schüler eingehen. Es zählt also nicht allein der Wissensstand, sondern die Gesamtentwicklung innerhalb eines bestimmten Zeitraumes. Waldorfschüler lernen von der ersten bis zur zwölften Klasse in einer stabilen Klassengemeinschaft, unabhängig vom angestrebten Schulabschluss, niemand wird unterwegs sitzen gelassen. Wenn sich ein besonderer Förderbedarf zeigt, wird in Zusammenarbeit mit Schulärzten und Therapeuten ein Förderplan entwickelt. Das stößt (nicht nur an Waldorfschulen) heute noch an spürbare finanzielle und personelle Grenzen, aber sicher werden die Bemühungen um Inklusion künftig zusätzliche Ressourcen erschließen.

Ohne Noten und ohne Sitzenbleiben: Sind die Kinder dann überhaupt zum Lernen motiviert?

Jeder Mensch will lernen, wenn man es ihm nicht austreibt. Da der Waldorfunterricht sehr handlungsorientiert und auf die konkreten Entwicklungsbedürfnisse der Schüler abgestimmt ist, entwickeln die Kinder und Jugendlichen viel Eigeninitiative. Sie lernen nicht aufgrund von äußerem Leistungsdruck, sondern aus lebendigem Interesse und persönlicher Begeisterung für die vielfältigen Unterrichtsinhalte. Diese gestaltet der Lehrer kreativ und lebensnah, sodass sie sich an der persönlichen Erfahrungswelt der Kinder orientieren und ihnen eigene Erlebnisse vermitteln. Waldorflehrer bereiten sich auf diese anspruchsvolle pädagogische Tätigkeit an eigenen Seminaren und Hochschulen vor, in denen sie außer an ihrer fachlichen Ausbildung auch an ihrer methodischen Sicherheit, sozialen Kompetenz und ihrem Einfallsreichtum, kurz: an ihrer Persönlichkeit, arbeiten.

Es war einmal ... und gilt auch heute noch

«Wenn Sie möchten, dass Ihre Kinder intelligent werden, erzählen Sie ihnen Märchen. Wenn Sie möchten, dass sie hochintelligent werden, erzählen Sie ihnen noch mehr Märchen.» Was Albert Einstein vor Jahrzehnten auf die Frage, wie man eigentlich Genies erziehen könne, antwortete, liest sich in der Sprache des Göttinger Neurobiologen Gerald Hüther heute so: Märchen seien «Superdoping für Kindergehirne», Märchenstunden gar «die höchste Form des Unterrichtens».

Wer jemals eine erste Klasse dabei beobachtet hat, wie sie sich innerhalb weniger Augenblicke von quirligster Lebendigkeit in ein großes, mit gespannter Ruhe lauschendes Ohr verwandelt, wenn die Zauberworte «Es war einmal» erklingen, der ahnt, dass hier viel tiefere Schichten der Kinderherzen berührt werden, als sie das Wort «Intelligenz» landläufig auszudrücken vermag.

Janosch, ein sanfter, fast zarter Junge, bei dem immer alles offen steht, von den großen, braunen Augen über den Mund bis zu seinen nicht gebundenen Schuhen, hört mit seinem ganzen Wesen dem Märchen von Rapunzel zu. Er erfährt von dem verbotenen Garten der mächtigen Zauberin, in dem die wunderbarsten Blumen wachsen, er hört, wie die Mutter so sehr nach den Rapunzeln «lüstert», dass ihr Mann sie heimlich stiehlt, wie er schließlich von der Zauberin gestellt wird und ihr das Kind, welches seine Frau unter dem Herzen trägt, als Pfand versprechen muss. Er erlebt, wie Rapunzel in einen Turm gesperrt wird, wie ein Prinz sie erlösen will, von der Zauberin aber aus dem Turm gestoßen wird und an den Stacheln eines Dornbuschs erblindet, wie er jahrelang blind herumirrt, bis er Rapunzel mit ihren beiden Zwillingen in einer «Wüstenei» findet und am Ende durch die Tränen, die aus ihren Augen in die seinen fallen, erlöst und wieder sehend wird.

Janosch begegnet in diesem Märchen den drei dunklen Schwestern Verlockung, Verführung, Verzauberung ebenso wie ihren Gegenübern Mut, Opferbereitschaft, Liebe und Erlösung. Er blickt hinter den Schleier der Alltagswelt und erlebt das Wesenhafte in ihr. Echte Märchen lassen viele Interpretationen zu. Sicher ist aber, dass Janosch durch Rapunzel genau jene Kräfte kennenlernt, die ihn in einer von unzähligen Süchten gekennzeichneten Zivilisation umgeben und denen er mit Sicherheit im späteren Leben wieder begegnen wird: die wiederkehrende Verlockung, den Egoismus, die Gefangenschaft, die Einsamkeit und die Erblindung, aber auch die Gegenkräfte der Liebe, Ausdauer und Geduld, die am Ende die Erlösung bringen. Indem Janosch sie in seiner Fantasie nachbildet, entwickelt er die Kraft, durch eigene Anstrengung Gedanken und Bilder zu schaffen, seine Seele also mit Inhalten zu erfüllen, die nicht von äußeren Reizen abhängig sind. Mit jedem Märchen reichert er einen Erfahrungsschatz an, auf den er im späteren Leben immer wieder zurückgreifen kann, auch wenn ihm das manchmal erst viel später bewusst wird. Erzählte Geschichten entpuppen sich damit als das Gegenteil jener vorproduzierten Bilderfetzen, mit denen die Medienindustrie vom Garten der Zauberin aus oft schon die jüngsten Kinder gefangen nehmen will.

An Waldorfschulen hat das Erzählen eine lange, ehrwürdige Tradition. Es begleitet die gesamte Unter- und Mittelstufenzeit und schließt auch die künstlerische Eigentätigkeit der Schüler im Schauspiel und den bildenden Künsten ein. Ein kurzer Gang durch die ersten acht Schuljahre zeigt, wie sich der Erzählstoff entwickelt.

Im zweiten Schuljahr verraten die Tiere in vielen Fabeln allerlei über sich selbst, aber auch über die Begierdennatur des Menschen, über seine Egoismen und andere Einseitigkeiten. Dem stehen Erzählungen über Franziskus von Assisi, Elisabeth von Thüringen oder andere Legenden gegenüber, die den Kindern in wunderbaren Bildern vor Augen führen, wie Menschen sich durch ihren Glauben, ihre Liebe, ihre Hoffnung und ihren Mut gewandelt haben.

Im dritten Schuljahr, wenn sich die Kinder auf einer neuen Stufe ihrer selbst bewusst werden und dabei auch Phasen der Verunsicherung durchmachen, hören sie Geschichten aus dem Alten Testament, die von der Schöpfungsgeschichte über die Vertreibung aus dem Paradies bis zur Knechtschaft der Juden in Ägypten, ihrer Befreiung und anschließenden Wanderung durch die Wüste reichen. Im gleichen Schuljahr bauen sie Häuser oder Schiffe, bearbeiten einen Acker und lernen Handwerke kennen, üben also, sich hier auf der Erde immer besser zurechtzufinden.

Im vierten und fünften Schuljahr lernen die Kinder die großen Mythen der bedeutendsten Kulturen der Urgeschichte und Antike kennen. Das kann mit der nordischen Edda beginnen und über vedische, altpersische Legenden, das Gilgamesch-Epos, über den Mythos von Isis und Osiris bis zu der grandiosen griechischen Sagenwelt und den Erzählungen Homers führen. In ihrer Aufeinanderfolge erleben die Kinder die lange Reise der Menschheit bei ihrer Entdeckung und Eroberung der äußeren Welt und die allmähliche Entdeckung der persönlichen Freiheit und Verantwortung nach.

Im fünften und sechsten Schuljahr gehen die Erzählungen zu lebendigen Schilderungen des Lebens der alten Kulturen und der Taten berühmter Persönlichkeiten über. Die Kinder folgen Alexander dem Großen auf dessen Eroberungszügen ebenso wie Hannibal bei seiner Alpen-Überquerung oder dem portugiesischen Weltumsegler Magellan bei seiner schier endlosen Pazifik-Überquerung.

Im siebten und achten Schuljahr stehen die Biografien bedeutender Persönlichkeiten von Columbus bis zu Sophie Scholl, von Anne Frank bis Nelson Mandela im Vordergrund der Erzählungen, also von Menschen, die durch ihre Ideen und Überzeugungen die Welt verändert haben.

Janosch wird am Ende des achten Schuljahres Hunderte von Geschichten gehört haben. Immer wieder wird er dabei seine Fantasie angestrengt haben, wird innere Bilder ausgeformt und aus diesen mit wachsendem Alter immer bewusstere Schlüsse gezogen haben. Er wird die Sprache als ein sehr machtvolles Instrument der Begegnung, der Klärung, der Vertiefung und Vermenschlichung kennen und als ein In-

strument der Gemeinschaftsbildung wie auch des individuellen Ausdrucks schätzen gelernt haben. Und er wird schon
seit seinem ersten Schuljahr einen Sinn für Wahrhaftigkeit
im gesprochenen Wort entwickelt haben, denn nur wer sich
vom Sterntaler selbst berühren lässt, kann zu den Herzen
der Kinder sprechen.

Ein guter Erzähler nutzt seine Fantasie, um das Wesentliche zu beschreiben. Ohne sie bleibt alles Wissen kalt. Der
beste Schutz vor den wesenlosen Fantasy-Welten ist und
bleibt – die Fantasie.

Welche Abschlüsse können an einer Waldorfschule gemacht werden?

Alle. Da die einzelnen Bundesländer jeweils eigene Schulgesetze haben, gibt es zwar Unterschiede im Detail, aber grundsätzlich gilt, dass an einer Waldorfschule alle üblichen staatlichen Abschlüsse erworben werden können: Abitur, Real- und Hauptschulabschluss und meistens auch die Fachhochschulreife. Die Prüfungen unterscheiden sich nicht von den Abschlussprüfungen staatlicher Schulen und sind vollkommen gleichwertig anerkannt. Ein Vergleich des Notendurchschnitts von Waldorfschülern und ihren Mitschülern aus staatlichen Schulen zeigt, dass sie mindestens auf dem gleichen Stand sind – bezogen auf die Einschulungsjahrgänge erlangen allerdings deutlich mehr Waldorfschüler die Hochschulreife.

Am Ende des zwölften Schuljahres (an einigen
Schulen in der elften Klasse) bieten die meisten
Waldorfschulen zusätzlich einen eigenen
Waldorfschulabschluss an, der ihren Schülern
Gelegenheit gibt, neben den Prüfungsfächern
ihre individuell erworbenen Kompetenzen
zu präsentieren. Er besteht in der Regel aus
einem ausführlichen schriftlichen Teil, einer
praktischen Ausarbeitung und einer mündlichen
oder künstlerischen Präsentation vor der
Schulgemeinschaft, den Eltern und externen
Interessenten. Das dreizehnte Schuljahr dient der
gezielten Vorbereitung auf das Abitur.

Vorbilder bilden

«Kinder wollen nicht wie Fässer gefüllt, sondern wie Fackeln entzündet werden.» Heraklits pädagogische Wahrheit ist bis heute eine Provokation, denn ein Fass füllen kann (fast) jeder – wer aber eine Fackel entzünden will, muss selber brennen.

Der Bildungsforscher John Hattie wertete in den letzten 20 Jahren mehr als 50.000 Einzelstudien mit 250 Millionen beteiligten Schülern aus, um herauszufinden, was eine gelingende Schulzeit ausmacht. Von 138 untersuchten Einflussgrößen kristallisierte sich die Persönlichkeit des Lehrers als die mit Abstand bedeutendste heraus. Hattie belegte mit Zahlen, was jeder gute Pädagoge ohnehin weiß: Eine verständliche Sprache, klare Ziele, viel Humor und ein tief gegründetes Interesse für die Schüler haben einen weit größeren Einfluss auf ihr Lernvermögen als Bildungsstandards, Schulsysteme, Klassengrößen, die technische Ausstattung oder das kulturelle Umfeld einer Schule.

Mahatma Gandhi bekam einmal Besuch von einer Mutter, die ihn bat, ihrem Sohn das Naschen auszureden. Gandhi schickte sie mit den Worten weg, sie möge nach vierzehn Tagen mit ihrem Sohn wiederkommen. Als sie ihn nach dieser Zeit aufsuchten, sagte er zu dem Sohn: «Nasch nicht so viel.» Etwas befremdet meinte die Mutter, das hätte er ihm doch auch schon vor zwei Wochen sagen können, woraufhin er antwortete: «Nein, zuerst musste ich mir das Naschen abgewöhnen.» – Gandhi wusste, dass seine Worte wirkungslos geblieben wären, wenn sie nicht mit dem Gold der Authentizität gedeckt gewesen wären.

Als Rudolf Steiner die Waldorfpädagogik entwickelte, stellte er zwei Dinge in den Mittelpunkt seiner Lehrerausbildung: die genaue Beobachtung des sich entwickelnden Menschen und die Selbsterziehung der Lehrer. Neben Anregungen zur Methodik legte er ihnen ans Herz, sich zur Wahrhaftigkeit, Initiativkraft und Fantasiefähigkeit zu erziehen, Interesse für «alles Große und Kleine» aufzubringen, ihr Gefühl für soziale Verantwortlichkeit zu stärken und «nicht zu versauern». Dass eine frei lassende Erziehung immer mit der Selbsterziehung der Erziehenden beginnt, ist heute aktueller denn je und ein Grundpfeiler der Waldorfpädagogik.

Die Welt ist gut

Genau genommen ist schon das Lernen der Kleinsten Selbsterziehung, denn die Eroberung der Welt fordert weit mehr von ihnen als das Aufsammeln von Wissen. Wenn die vierjährige Lara ihren Eltern beim Fegen, Sägen, Kochen, Gärtnern zuschaut, dann handelt sie, und zwar gleich doppelt: Erst schaut sie ganz genau hin und dann ahmt sie nach, was sie erlebt. Ihr Spiel ist ein äußerst aktiver Vorgang, dem sie mit allen Sinnen hingegeben ist. Durch ihre Willenstätigkeit legt sie die Grundlage für alles spätere Erkennen.

Frühkindliche Erziehung geschieht immer durch das Vorbild der Erwachsenen, deren Gewohnheiten, Taten und Stimmungen viel wirksamer als alle Erklärungen sind. Ohne Nachahmung könnte kein Kind laufen oder sprechen lernen – zuerst muss es erleben, was es später nutzen kann. Lara hat das Glück, vernünftiges Futter für ihre Nachahmungskräfte zu bekommen, weil um sie herum sinnvolle Dinge passieren, zu denen übrigens auch ein rhythmischer Tageslauf und eine schön gestaltete Umgebung gehören. Auch deshalb wird in Waldorfkindergärten viel Wert darauf gelegt, dass die Kinder für alle Sinne Anregungen bekommen, dass sie keine fertigen Spielzeuge, sondern möglichst natürliche Gegenstände um sich haben. Die Hingabe, mit der Lara und ihre Altersgenossen auf die Welt zugehen, ist ihr größtes Kapital.

Die Welt ist schön

Während Lara die Welt mit allen Sinnen erforscht hat, ist sie gewachsen und hat ihren von den Eltern geerbten Leib zu ihrem ganz eigenen Instrument gemacht. Das war eine gewaltige Auf- und Umbauarbeit, für die sie all ihre Kräfte brauchte. Um ihr sechstes oder siebtes Lebensjahr werden diese Gestaltungskräfte nicht mehr alle für das Wachstum gebraucht und stehen ihr fortan seelisch zur Verfügung. Waldorfpädagogen sprechen gerne von der einsetzenden Vorstellungsreife. Lara gelingt es jetzt immer besser, sich gezielt zu erinnern, Gedanken aktiv zu verfolgen oder aus Einsicht zu handeln. In Finnland beginnt bis heute erst mit sieben Jahren die Schulzeit, weil dieser Entwicklungsschritt dort ernst genommen wird. Das Vertrauen in die Welt fokussiert sich jetzt immer mehr auf Menschen, die sich dieses Vertrauens als würdig erweisen, indem sie den Kindern helfen, die Welt in ihrer Vielfalt kennen, lieben und verstehen zu lernen. Aus der früheren Einheit von Wahrnehmen, Empfinden und Handeln entwickeln sich bis zur Pubertät mit dem Denken, Fühlen und Wollen drei voneinander weitgehend unabhängige Seelenkräfte, die durch einen fantasievollen und künstlerischen Unterricht alle angesprochen werden müssen, um sich differenziert entwickeln zu können.

Lernte Lara früher vor allem durch Vorbild und Nachahmung, sind es jetzt konkrete Bezugspersonen, an denen sie sich orientieren und durch deren Lebenserfahrung sie die Welt immer bewusster erkennen will. Was für ein starkes Bedürfnis Kinder nach einer geliebten (weil authentischen) Autorität haben, sieht man nicht zuletzt an der Scheinautorität der virtuellen Helden, mit welchen die Medien die Seelen der Kinder einzufangen versuchen. Die Folgen – Konsumabhängigkeit, Antriebslosigkeit und Selbstbezogenheit – sind hinreichend bekannt. Der wirksamste Schutz dagegen ist die Ausbildung eines lebendigen, fantasievollen Denkens, das Vertrauen ins eigene Können und ein waches Weltinteresse. Waldorf-Klassenlehrer bleiben sechs bis acht Schuljahre mit ihren Klassen zusammen, damit sie das so lange mit ihren Kindern üben können, bis es Zeit für etwas Neues wird.

Die Welt ist wahr

Mit der Pubertät wachsen die Jugendlichen immer mehr aus dieser direkten Begleitung heraus. Sie erleben mit existenzieller Wucht, dass sie selbst herausfinden müssen, wohin die Reise ihres Lebens geht. Jetzt wollen sie an den Erwachsenen erleben, dass sie selbst um Erkenntnis ringen, den Mut zu eigenen Urteilen haben – und vor allem keine Kompromisse mit der Wahrhaftigkeit eingehen. Das Schlimmste, was ihnen in diesem Alter passieren kann, ist der abgeklärte Zynismus, mit dem manche Erwachsene auf die Welt schauen. Wenn sie aber erleben, dass ihre Lehrer und Eltern nicht resigniert haben, sondern sich aktiv mit der Welt auseinandersetzen, kommt die für das ganze weitere Leben bedeutsame Zeit, in der sie Ideale bilden, sich große Ziele setzen und mit anderen verbünden, um die Grenzen ihres Handelns zu erweitern.

Heraklits Fackel braucht keine lodernde Flamme, um entzündet zu werden, aber sie braucht immer Menschen, die die Flamme hüten. Kann es eine schönere Aufgabe geben?

Ist Waldorfpädagogik nicht so etwas wie das Vorgaukeln einer heilen Welt? Kommen die Schüler später mit der «harten Realität» zurecht?

Die Praxis zeigt, dass Waldorfschüler wegen ihrer praktischen Intelligenz von Ausbildern oft besonders geschätzt werden. In einer Schule, die nicht nur die intellektuellen Fähigkeiten anspricht, entwickeln sich Schlüsselqualifikationen wie Teamfähigkeit, Kreativität und die Fähigkeit, prozessual zu denken, vom ersten Schultag an. Umfangreiche Absolventenstudien zeigen, dass Waldorfschüler in allen Studien- und Berufsfeldern erfolgreich studieren und arbeiten.

Ist der Besuch einer Waldorfschule nicht sehr teuer?

Es ist ein «heiliges» Prinzip der Waldorfschule, kein Kind aus finanziellen Gründen abzulehnen. Da die staatlichen Finanzhilfen für freie Schulen aber in keinem Bundesland die Kosten decken, sind die Waldorfschulen auf zusätzliche Anstrengungen der Eltern angewiesen. Um dennoch allen Kindern den Schulbesuch zu ermöglichen, bilden die Lehrer und Eltern Solidargemeinschaften, die sich darum bemühen, die unterschiedlichen finanziellen Möglichkeiten der Familien auszugleichen. Die Elternbeiträge unterscheiden sich von Bundesland zu Bundesland. 2013 betrugen sie im Bundesdurchschnitt 150 Euro je Schüler und Monat.

Der Kopf braucht Hand und Fuß

Lisas Füße staunen, seit sie barfuß aus dem Auto geklettert ist. Sie fühlen «kühl, schmierig, feucht, weich!, irgendwie dunkel». Dann «fester, pieksig, nadelig, wärmer, steinig, wieder weicher, trocken, rieselig, herb, warm!, hell?». Tausendfache Berührungen. Schließlich: «Autsch, heiß!», und das Signal an Lisa: «Lauf! Schnell! Los! Da ist's weich, kühl und nass ...»

Lisas Füße haben ihr auf dem Weg vom Parkplatz zum Wasser vom Waldboden erzählt, vom heißen Sommer und vom nassen Sand bei Ebbe. Natürlich weiß sie, was ihre Füße sagen, nur, weil sie dafür Begriffe hat, aber ohne ihre Fuß-Botschaften hätte sie viele Begriffe gar nicht erst bilden können. Zum Verstehen braucht sie die Füße.

Lisa hat auch noch zwei Hände, und die gehören zweifellos zu den größten Wunderwerken, welche die Evolution hervorgebracht hat. Nur wer die Hand versteht, kann den Menschen begreifen. Den Tastsinn, Wärmesinn, Gleichgewichtssinn und «kinästhetischen Sinn», durch den wir unsere eigenen Bewegungen spüren, haben wir schon in Lisas Füßen bei der Arbeit kennengelernt. In ihrer Hand wirken sie noch viel umfassender: Während Lisa die

Welt mit ihr zugleich erspürt und aktiv gestaltet, entsteht – Intelligenz.

Was verrät uns die Hand, dieses differenzierteste Bewegungsorgan, das überhaupt existiert, über uns selbst? Was am Schulterblatt mit dem Oberarmknochen beginnt, wird am Ellenbogengelenk zu Elle und Speiche, die sich am Handgelenk wiederum in die immer feiner differenzierten Fingerknochen aufgliedern. Durch die vielen Gelenke, Sehnen und Muskeln sind die Arme und erst recht die Hände nicht auf bestimmte Bewegungen festgelegt, sondern können sich sehr frei bewegen. Im Unterschied zu den Tieren können wir unsere Daumen auf die anderen Finger zubewegen und damit Gegenstände ebenso kräftig wie behutsam ergreifen und führen.

Schon als Säugling hat Lisa mit ihren Händen herumgetastet und dabei die Grenze zwischen sich und der Außenwelt erlebt. Immer feiner lernte sie, mit ihren Fingerchen zu fühlen, was sie über die Beschaffenheit der Dinge verraten. Nach und nach vermittelte ihr der Tastsinn ein Bewusstsein von der Welt, die sie umgibt. Und während ihre Eltern sie mit ihren Händen hielten, auf tausenderlei Weise berührten, wickelten, streichelten oder aufhoben, hatte sie immer zugleich eine Begegnung mit ihrem «Ich», das in all diesen Berührungen anwesend und wirksam war. Tastend erfuhr Lisa, dass es die Welt und sie selber gibt.

Schlafen Sie noch oder stricken Sie schon?

Die bildschaffenden Verfahren der modernen Hirnforschung vermitteln ein differenziertes Bild davon, wie innig der Gebrauch unserer Hände, unsere Feinmotorik und die Entwicklung des Gehirns miteinander verknüpft sind. Als «neuroplastisches Organ» entwickelt sich das Gehirn in Korrespondenz mit allem, was wir seelisch oder körperlich tun, andauernd um und weiter. Italienische Forscher konnten schon nach zwanzig Minuten des Herumklimperns auf einem Klavier neuronale Veränderungen bei ihren Versuchspersonen nachweisen. Und nachdem zwölf musikalisch nicht vorgebildete Personen zehn Tage lang für jeweils 35 Minuten ihre beidhändige Fingerfertigkeit auf einem Keyboard trainiert hatten, bildeten sich neue Verbindungen zwischen ihren linken und rechten Hirnhälften, sodass die Rechtshänder links und die Linkshänder rechts geschickter wurden. Beide Seiten arbeiteten fortan besser zusammen.

An Waldorfschulen lernen Kinder schon in der ersten Klasse das Häkeln, dem bald darauf das Stricken folgt. Der Biologe Ernst-Michael Kranich machte darauf aufmerksam, dass die Hände bei dieser Tätigkeit eine außerordentliche Intelligenz entwickeln, weil die äußerst komplizierten feinmotorischen Bewegungen der rechten Hand genau mit denen der linken Hand abgestimmt werden müssen, damit sich Masche an Masche fügt und schließlich ein regelmäßiges Gewebe entstehen kann.

Wie bei den Klavierspielern ist dies ein äußerst schwieriger Vorgang, der insbesondere am Anfang höchste Aufmerksamkeit erfordert. Lisa muss sich zuerst eine Vorstellung von dem bilden, was sie tun will und wie sie ihre Hände dazu bewegen muss. Diese Vorstellung muss sie dann willentlich bis in die Fingerspitzen bringen. Während sie das tut, tastet und fühlt sie genau, was ihre Fingerchen da zusammenzaubern – schult also auch ihren Tast- und Bewegungssinn. Indem Lisa diesen komplexen Zusammenhang strickend erschafft, arbeitet sie zeitgleich intensiv an ihrem Willen und an ihren Gehirnstrukturen.

Ein Blick auf ein ganz anderes Netz macht die Wichtigkeit des Faches Handarbeit und später ergänzend Handwerken für die Zukunft der Kinder von heute noch deutlicher: Das Internet hat sich wie ein riesiges neuronales Netzwerk über die ganze Welt ausgebreitet und erobert immer neue Gebiete unseres Lebens. Mit auf ein Minimum reduzierten Finger- und Augenbewegungen können wir in Sekundenbruchteilen auf ein schier unerschöpfliches Reservoir an Wissensfetzen zugreifen. Konzentration wird überflüssig, weil wir zu jedem Stichwort ein riesiges Angebot an Assoziationen – Links – angeboten bekommen, die ihrerseits wieder woanders hinführen und so weiter. Auch das wirkt unmittelbar auf das Gehirn, auf unsere Geschicklichkeit und unseren Willen, weil Fähigkeiten, die wir nicht benutzen, verkümmern.

Das Wunderwerk des Gehirns zeichnet sich dadurch aus, dass es ständig durch unsere Tätigkeit gestaltet und weiterentwickelt wird. Während Lisa strickt, bringt sie ihrem Gehirn bis in seine Strukturen und Vernetzungen hinein bei, komplexe Zusammenhänge denken zu können. Sie schmiedet an ihrer Intelligenz und kann sich in völlig anderen, unerwarteten Lebenssituationen darauf verlassen, dass sie Zusammenhänge erkennen und gestalten kann. Ob sie diese Intelligenz später einmal für die Naturwissenschaft, das Erkennen ökologischer oder ökonomischer Zusammenhänge oder für andere Menschen einsetzt, ist nicht so wichtig. Wichtig ist, dass sie gelernt hat, wie man überhaupt intelligent wird.

Die Intelligenz der Hände wird für die Generation der «digital natives» zu einer Lebensfrage. Sie ist es, die ihnen hilft, inmitten der nicht endenden Informationsflut einen lebendigen Mittelpunkt zu schaffen. Sie ist es, die unseren Kopf an die Wirklichkeit bindet und dabei gesund werden lässt. Das schöne Gewebe entsteht, weil Lisa es Masche für Masche erschafft. Sie will – und lernt zum Lohn das Denken.

Die Waldorfschulen nennen sich «freie Schulen». Heißt das, dass die Kinder dort antiautoritär erzogen werden?

Der Begriff «freie Schulen» bedeutet nicht, dass es keine Regeln gibt, sondern dass diese Schulen eine weitgehende pädagogische Autonomie haben und nur mit Bezug auf die Prüfungen an die staatlichen Lehrpläne gebunden sind. Waldorflehrerinnen und -lehrer bauen in der Unterstufe ein von «liebevoller Autorität» geprägtes Verhältnis zu ihren Schülern auf. Sie stehen ihnen über viele Jahre als verlässliche Ansprechpartner zur Verfügung und setzen ihnen auch Grenzen, innerhalb derer sie sich sicher fühlen und ihre Persönlichkeit entwickeln können. Im Laufe der Schulzeit wandelt sich das Lehrer-Schüler-Verhältnis immer mehr zu einer umfassenden Lernpartnerschaft.

Warum haben die Kinder in den ersten acht Schuljahren nach Möglichkeit ein und denselben Klassenlehrer?

In einer Gemeinschaft, die von Beständigkeit und Rhythmus geprägt ist, können Kinder sich gesund entfalten. Um ihnen darin eine verlässliche Stütze zu sein, begleitet ein Waldorf-Klassenlehrer «seine» Klasse nach Möglichkeit sechs bis acht Jahre lang und unterrichtet jeden Morgen mindestens die ersten beiden Stunden des Schulvormittags. In wechselnden «Epochen» bringt er den Schülern jeweils über mehrere Wochen den Stoff unterschiedlicher Themengebieten nahe. Dabei lernt er seine Schüler sehr gut kennen und kann individuell auf ihre Stärken und Schwächen eingehen.

Auf den zweiten Blick

Manchmal wird etwas erst sichtbar, wenn es dem Blick entzogen wird. Das Künstlerpaar Christo und Jeanne-Claude wusste um dieses Geheimnis und verhüllte Brücken, ganze Küsten und den Berliner Reichstag. Wenn kleine Kinder sich hinter ihren Händen verstecken, wollen sie gesehen werden. Was für ein wunderbares pädagogisches Instrument daraus werden kann, erzählt die Geschichte von Leander.

Das Spinnennetz

Leander liebte, wie die meisten Kinder, Tiere. Als ich ihn einmal zu Hause besuchte, zeigte er mir seine Kaninchen, fing aber plötzlich an zu weinen und zeigte auf ein Spinnennetz an einer Seite der Tür: Es war zerrissen und Leander trauerte mit der Spinne um ihr Kunstwerk.

In der Schule bekam man diese Seite des Jungen niemals zu sehen, dafür aber umso öfter die Tränen seiner Klassenkameraden. Leander hatte ein raffiniertes System der Manipulation entwickelt, mit dem er einzelne Kinder dazu brachte, andere, oft besonders empfindsame, zu ärgern, ohne dabei selbst in Erscheinung zu treten. Ermahnungen und moralische Geschichten perlten einfach an ihm ab, und so blieb mir zunächst nichts anderes übrig, als ihn ständig im Auge zu behalten und seine Mitschüler stark genug zu machen, um ihm selbst Grenzen zu setzen. So fanden wir zwar einen «modus vivendi», aber sein Herz konnte ich nicht erreichen.

Die Klassenfahrt

Gegen Ende des fünften Schuljahres – die Kinder waren inzwischen um die elf Jahre alt – machten wir eine Klassenfahrt, die alle Kinder sehr begeisterte. Nachts allerdings musste ich immer wieder durch die dünnen Wände unserer Hütte mit anhören, wie Leander versuchte, seine Klassenkameraden gegen mich aufzubringen. Zum Glück gelang ihm das nicht, aber am Ende der Woche war ich einigermaßen verzweifelt, weil ich mir eingestehen musste, dass ich dieses Kind nicht nur nicht erreicht, sondern offenbar vollständig verloren hatte. Während der anschließenden Sommerferien gab es keinen Tag, an dem ich mir nicht die Frage stellte, ob ich meinen Beruf verfehlt hätte.

Der Traum

Knapp eine Woche vor Ferienende erwachte ich nach einem sonderbaren Traum, in welchem mich Leander mit großem Ernst daran erinnerte, dass wir schon lange vor seiner Schulzeit eine Verabredung getroffen hätten: «Du lässt mich nicht im Stich – und ich sorge dafür, dass du nicht verspießerst!» Der Traum war so lebendig, dass ich aus dem Bett sprang und wusste, dass sich alles verändert hatte – nicht bei Leander, aber bei mir. Plötzlich war er nicht mehr das Problemkind, sondern ein Rätsel, das ich nur mit ihm gemeinsam lösen konnte.

Der Meisterdieb

Am gleichen Tag begann ich, ein Theaterstück für Leander zu schreiben, das ich an ein Märchen der Brüder Grimm anlehnte. In diesem Märchen geht es um einen jungen Mann, der sein Heimatdorf vor Jahren als echter Nichtsnutz verlassen hatte und nun als reicher Mann zurückkehrt. Er gibt sich als «Meisterdieb» zu erkennen, woraufhin ihn der Graf des Dorfes hängen lassen will, sofern er nicht drei Proben seiner Kunst bestehe: Zuerst soll er das Leibross des Grafen aus dem gut bewachten Stall stehlen, sodann in der Nacht den Ehering der Gräfin samt Betttuch aus dem Ehebett und schließlich Pfarrer und Küster aus der Kirche. Mit Intelligenz und Gewitztheit gelingt ihm alles. Im Grimmschen Märchen wandert er davon und ward nie mehr gesehen ... In der Theaterversion fügte ich der Geschichte noch eine vierte Probe und eine Rahmengeschichte hinzu: Ein uralter Mann trifft eine ebenso alte, auf einer Bank sitzende Frau und erzählt ihr, er sei seit 33 Jahren auf der Wanderschaft. Als sie wissen möchte, warum, erzählt er seine Geschichte, und das ist die des Meisterdiebs. In dieser Version kehrte er damals wegen Lisa, der Tochter des Grafen, in sein Dorf zurück: Sie war in seiner Kindheit die Einzige gewesen, die ihn nicht als Nichtsnutz sah und immer zu ihm hielt. Sie war es auch, die den Grafen zu den Proben überredete und ihn, als er den Meisterdieb nach deren Bestehen aus dem Dorf verbannen will, anflehte, den jungen Mann ins Dorf zurückkehren zu lassen, wenn er eine letzte und zugleich schwierigste Probe bestehe. Der Graf stimmte zu, und Lisa stellte ihrem Freund die Aufgabe, er müsse seine Kunst so vollenden, dass er sie nicht mehr für sich, sondern nur noch für andere einsetzen könne. Der Meisterdieb verabschiedete sich leichthin und versprach, bald zurückzukehren. Nun erzählt er, dass er sein ganzes Leben gebraucht habe, bis er wiederkommen konnte. Da gibt sich die alte Frau als Lisa zu erkennen und verrät, sie habe jeden Tag eine Stunde lang an diesem Ort auf ihn gewartet.

Kleines Zwischenspiel

Heute wäre der Meisterdieb mit seiner frei herumschwei-
fenden Intelligenz wahrscheinlich ein ziemlich «cooler Er-
folgsmensch», weil er sich nicht mit moralischen Skrupeln
belastet. Lisa war klug genug, diese Intelligenz zu würdigen,
die Aufmerksamkeit ihres Freundes aber auf die Wirkung
seiner Taten zu lenken. Indem sie den werdenden Menschen
in ihm sah, konnte er ihn werden lassen. Den Kindern in
meiner Klasse erzählte ich natürlich weder diesen Hinter-
grund noch die Entstehungsgeschichte des Schauspiels.

Die Rolle

Am ersten Schultag kam Leander mit sichtbarer Erwartung
in die Klasse, schüttelte mir die Hand und setzte sich di-
rekt neben mich. Im Verlauf der Stunde erzählte ich den
Kindern die abgewandelte Geschichte vom Meisterdieb und
schlug sie als Theaterstück vor. Alle stimmten sofort zu und
schrieben auf einen Zettel erst ihre eigene Lieblingsrolle
und außerdem eine Empfehlung, wen sie in einer anderen
Rolle sehen würden. Am Ende hatten 26 von den 36 Kindern
Leander für die Rolle des Meisterdiebs ausgewählt, ihn selbst
eingeschlossen. Da niemand voraussetzen konnte, dass er
auch nur einen Finger krümmen würde, waren alle überrascht, denn es kam genau umgekehrt: Leander kam immer

als Erster, konnte seine Rolle nach wenigen Tagen auswendig und spielte sie mit einer solchen Hingabe, dass niemand davon unberührt blieb.

Was hinter dem Kostüm vorging

Leander blieb ein sehr anspruchsvoller junger Mann. Aber es war etwas passiert, was ich zuerst dadurch bemerkte, dass fortan ein kurzer Blickwechsel zwischen uns genügte, um auch kompliziertere Situationen zu klären. Um im Bild des Stückes zu bleiben: Er hatte sich auf die Wanderschaft begeben. Auch seine Klassenkameraden merkten es.

Waldorflehrer wissen, dass es viel wichtiger ist, die Kinder genau zu beobachten, als irgendwelche pädagogischen Programme umzusetzen. Wie schwierig das jedoch sein kann, hat mich Leander gelehrt – und nicht nur er. Durch unser gemeinsames Theatererlebnis zeigte er mir aber auch, wie etwas sichtbar werden kann, wenn es – in diesem Fall hinter einem Kostüm – verborgen wird.

Was ist unter
«Epochenunterricht» zu verstehen?

Während der ersten beiden Stunden eines
Schulvormittags arbeiten die Schüler über
mehrere Wochen intensiv an jeweils einem
Fachgebiet. Sie befassen sich zum Beispiel drei
Wochen lang jeden Morgen zwei Stunden lang mit
Mathematik, Geografie, Deutsch,
Geschichte oder einem anderen Hauptfach.
Nach einigen Wochen wechselt der Inhalt der
Epoche zu einem anderen Thema, sodass
die Schüler sich auch damit intensiv verbinden.
Grundfertigkeiten wie Rechnen oder Schreiben
festigen die Schüler über den Epochenunterricht
hinaus in Übstunden. Im Anschluss an den
Epochenunterricht übernehmen Fachlehrer
den Unterricht in Sport, Fremdsprachen,
Eurythmie, Religion, Musik und in den
handwerklich-künstlerischen Fächern.

Kann ein Lehrer überhaupt in allen Fächern qualifiziert sein?

Klassenlehrer decken an einer Waldorfschule tatsächlich ein großes Spektrum an Fächern im Bereich der Unter- und Mittelstufe ab. In besonderen Ausbildungswegen, die sie als Vollstudium oder postgraduiert im Anschluss an eine wissenschaftliche Ausbildung an einem der Seminare im Bund der Freien Waldorfschulen oder an einer Hochschule mit Waldorf-Qualifikation durchlaufen, werden sie gezielt darauf vorbereitet. Für Klassen-, Fach- und Oberstufenlehrer gilt gleichermaßen, dass ihre Ausbildung mindestens gleichwertig zur staatlichen Ausbildung sein muss. In der Unter- und Mittelstufe liegt der Schwerpunkt des Lernens nicht nur auf der Vermittlung von Fachwissen; es geht genauso darum, den Schülern eine lebendige und erfahrungs-gesättigte Beziehung zu den Lerninhalten zu erschließen. So kann Lernen Freude machen – ein Leben lang.

Feste feiern – feste Feiern

Das Café Garuda

Anusha zieht ihren schönsten Sari an, malt den roten Bindi auf ihre Stirn und flitzt aufgeregt in die Küche, um die Pakoras, für die sie schon gestern Abend Blumenkohl geschnitten und Teig aus Kichererbsenmehl zubereitet hat, zu frittieren. Heute ist ein ganz besonderer Tag, auf den sie sich schon seit sechs Wochen freut. So lange dauerte nämlich die Epoche über das antike Indien, die sich aus dem Geschichtsunterricht ihrer fünften Klasse entwickelt hat. Eigentlich wollte ihr Klassenlehrer nur exemplarisch ein paar Geschichten aus den Veden erzählen, aber die Schüler stiegen so tief in diese Erzählungen ein, dass daraus auf einmal eine eigene Epoche wurde, in deren Verlauf sie ein bisschen Sanskrit sprechen und schreiben lernten, indische Verse, Lieder und Tänze einübten und schließlich beschlossen, beim Sommerfest ein indisches Café namens «Garuda» zu betreiben.

Anusha freut sich ganz besonders, weil sie ihren Klassenkameraden endlich einmal zeigen kann, was in ihrer

Familie zum Alltag gehört. Alle Mädchen tragen einen Sari, und auch die Jungs haben sich eine Kleiderordnung ausgedacht, die irgendwie «indisch» anmutet. Die ganze Klasse hat gemeinsam ein umlaufendes Wandfries mit Palmen, Elefanten, Tigern, tropischen Blüten und dem Taj Mahal gemalt. Diwans und flache Tischchen wurden aufgestellt, mit großen Tüchern die Decke abgehängt, und beim Buffet wurde eine kleine Bühne aufgebaut.

Kaum hat das Sommerfest begonnen, platzt das Café aus allen Nähten, denn jeder will einmal kurz in den Orient verreisen, der Sitarmusik, den Liedern und Trommeln lauschen und dabei indische Köstlichkeiten genießen.

Was sich spielerisch und leicht anhört, ist das Ergebnis einer langen und intensiven Arbeit, bei der sich die Kinder nicht nur mit der Geschichte, den Mythen, der Geografie und dem Kastenwesen Indiens auseinandersetzten, sondern ihr neu erworbenes Wissen auch in eine Herzen und Sinne berührende Präsentation umsetzen mussten. Was sie am Ende als großes Fest empfanden, war von der Ideenfindung über die Durchführung bis zum Aufräumen nur möglich, weil sie bereit waren, dafür viel Zeit zu investieren und Verantwortung zu übernehmen.

«Work hard, play hard», sagt ein amerikanisches Sprichwort. Es könnte als Motto über vielen Festen stehen, die an Waldorfschulen gefeiert werden. Denn beim Lernen geht es um weit mehr als nur um das Aufnehmen von Wissen. Längst kommt es vielmehr darauf an, innerhalb einer nicht endenden Informationsflut den roten Faden zu finden, ihn in der Hand zu behalten und selbstständig weiterzuspinnen – kurz: Interesse zu entwickeln. Interesse

setzt aber voraus, dass auch das Herz und der Wille angesprochen werden.

Die Monatsfeiern

Sie selbst sind schon ein Herzstück des gemeinsamen
Schullebens an einer Waldorfschule. Zwar finden sie heute
fast nirgendwo im Monatsrhythmus statt, aber besondere
Ereignisse sind sie allemal: Alle Schülerinnen und Schüler
versammeln sich im Festsaal, um sich gegenseitig zu zeigen,
woran sie in ihren Klassen, Ensembles oder einzeln gerade
arbeiten: Die Erstklässler zeigen, wie geschickt sie schon mit
ihren Händen geworden sind und wie gut sie rhythmisch
zählen können, die Viertklässler rezitieren einen isländi-
schen Stabreim, die Fünftklässler tanzen einen griechischen
Misirlou, die sechste Klasse führt eine selbst geschriebene
Gerichtsverhandlung mit jeder Menge indirekter Rede
auf, das Orchester der siebten Klasse spielt Motive aus der
Zauberflöte und der Oberstufenchor präsentiert Ausschnitte
aus dem Musical Anatevka.

Das Publikum reicht von den sechsjährigen Erst-
klässlern bis zu den Abiturienten und kann, je nach Grö-
ße der Schule, weit mehr als 500 Zuschauer umfassen.
Das ist eine große Herausforderung für die Vortragenden,
manchmal auch für ihre Mitschüler. Monatsfeiern haben
immer einen Werkcharakter, oft sind sie aber auch ein
künstlerischer Kulminationspunkt der Arbeit, die ohnehin

in den Klassen stattfindet. Vor allem aber nehmen sich alle Mitglieder der Schulgemeinschaft untereinander in ihrem Schaffen wahr: Die Kleinen staunen über die Könnerschaft der Großen, umgekehrt erleben diese, woran ihre jüngeren Mitschüler gerade arbeiten, und erinnern sich fröhlich – manchmal sind sie natürlich auch froh darüber, dass sie es hinter sich haben. So entsteht ein Gemeinschaftsbewusstsein aller an der Schule Tätigen, das von echtem Interesse an den Mitschülern getragen wird.

Auch Anusha wird dabei als Könnerin wahrgenommen. Das hat für sie eine besondere Bedeutung, weil sie seit ihrer Geburt nur etwa zehn Prozent der Sehfähigkeit anderer Kinder besitzt. Das sagen jedenfalls die Geräte. In Wirklichkeit sieht Anusha viel mehr, was vielleicht ein Grund dafür ist, dass sich niemand dem Zauber entziehen kann, der von ihr ausgeht, wenn sie auf der Bühne etwas präsentiert!?

Die Jahresfeste

Feste müssen nicht immer harte Arbeit sein. In allen bedeutenden Kulturen gibt es Feiertage, welche die Rhythmen der Natur aufgreifen und diese oft mit religiösen Motiven verbinden. Indem sie den Jahreslauf gliedern, wecken sie zugleich die Aufmerksamkeit für die Welt, in der wir leben. Deshalb sind die Jahresfeste an Waldorfschulen willkommene Anlässe, um ein kleines oder größeres Fest zu feiern und sich miteinander auf das Wesentliche zu besinnen. Wer einmal die leuchtenden Augen gesehen hat, mit denen die jüngeren Kinder in einem kerzengeschmückten Raum «Schiffchen geblasen» haben, Ostereier angemalt oder zu Michaeli Mutproben bestanden haben, weiß, dass sie damit einen Schatz in sich aufnehmen, den sie nicht so leicht wieder verlieren werden. An vielen Waldorfschulen studieren die Lehrer während der Adventszeit die Oberuferer Weihnachtsspiele ein und schenken sie der Schulgemeinschaft zu Weihnachten. Es ist immer wieder berührend, wie viele ehemalige Schüler und Eltern zu den Aufführungen kommen und erzählen, dass erst damit für sie die Weihnachtszeit beginne.

Die Höhepunkte

Eigentlich trägt jeder Unterricht, wenn er richtig gestaltet wird, einen kleinen Höhepunkt in sich, bei dem die Früchte der Arbeit genossen – gefeiert – werden können. Was für die Klasse gilt, spiegelt sich im Großen in den Schulfeiern, wenn diese Früchte geteilt werden. Manchmal gibt es auch ein ganz großes Fest. Eins davon fand im Jahr 2012 statt, als sich in Berlin Jugendliche aus aller Welt für mehrere Wochen zum Projekt *What moves you* zusammenfanden und gemeinsam Beethovens 5. Symphonie sowie ein zeitgenössisches Werk von Arvo Pärt eurythmisierten. Auf einer DVD (siehe Hinweise S. 147) kann man sehen, was dabei herauskam. Vielleicht ist Anusha beim nächsten Mal auch dabei.

Wie werden die Jugendlichen in der Oberstufe auf die Berufswelt vorbereitet?

In der Oberstufe unterrichten in allen Fächern akademisch beziehungsweise in den praktischen Fächern handwerklich ausgebildete Lehrer. Die praktischen Fähigkeiten, die sich die Schüler über die gesamte Schulzeit hinweg angeeignet haben, finden von der achten Klasse an Ergänzung durch diverse Praktika: In einem Landwirtschafts- und einem Forstpraktikum, einem Feldmess-, einem Betriebs- und einem Sozialpraktikum erhalten die Schüler eine lebensnahe Ausbildungsgrundlage. Neben ihrer möglichen Anregung für die spätere Berufswahl bieten Praktika besondere Möglichkeiten zum Üben sozialer, organisatorischer und individueller Fähigkeiten.

Kommt die Vorbereitung auf die Abschlüsse nicht zu kurz, wenn so viele Praktika stattfinden, Theater gespielt und handwerklich gearbeitet wird?

Es ist richtig, dass diese Aktivitäten zusammen mit dem Lernpensum in manchen Schuljahren eine Doppelbelastung für die Schüler bedeuten. Die Erfahrung zeigt aber, dass die Prüfungsleistungen darunter nicht leiden. Die durchschnittlichen Abschlussnoten der Waldorfschüler liegen mindestens auf dem gleichen Niveau wie bei Schülern von staatlichen Schulen. Viele Oberstufenschüler schätzen die praktischen und künstlerischen Aktivitäten als willkommenen Ausgleich zu den anstrengenden Prüfungsvorbereitungen.

Von der Erfahrung zur Erkenntnis

Manchmal summt eine Klasse wie ein Bienenschwarm vor Frische, Erwartung, Bereitschaft. «Und jedem Anfang wohnt ein Zauber inne», so schrieb es Hermann Hesse in seinem berühmten Gedicht *Stufen*. So ist es oft in den «goldenen Wochen» nach den Sommerferien und so ist es auch heute, weil die dritte Klasse an diesem frühherbstlichen Tag am Anfang einer ganz besonderen Zeitreise steht.

Alice ist nach den Ferien neu in die Klasse gekommen. Sie hat eine feine, beinahe durchsichtige Konstitution. Aus ihrem schmalen, blassen Gesicht schauen schöne, braune Augen, die sie aber am liebsten hinter einer Haarlocke versteckt. Man muss immer ein bisschen aufpassen, dass sie sich nicht unsichtbar macht. Das kann sie gut. Schule war für sie bisher etwas, an dem man sich wehtun kann, und deshalb huscht sie lieber unter dem Radar durch. Wenn Alice mir morgens die Hand gibt, wirkt sie jedes Mal überrascht, dass ihre Hand danach noch dran ist und dass sie freundlich begrüßt wurde.

Roberts Vater ist Handballer und betreibt einen Laden für Sportmode, in dem es wirklich schicke Sachen gibt. Die trägt Robert natürlich auch selbst. Wie sein Papa strotzt er nur so vor unbekümmerter Lebenslust, sportlich ist er auch, und sein Wort hat bei den Jungs Gewicht. Er ist ein natürlicher Anführer, ohne sich darüber Gedanken zu machen.

Nach unserer morgendlichen Begrüßung bringt uns ein Bus zum Hof von Bernhard, einem befreundeten Demeter-Bauern. Für manche Kinder ist es der erste Besuch auf einem Bauernhof, und erst einmal freuen sich alle über die herumpickenden Hühner und die anderen Tiere.

Robert fachsimpelt über einen imposanten Trecker mit einem riesigen Wendepflug; Alice trägt ihre Tarnkappe und beobachtet ein sonnenbadendes Kätzchen. Alle 36 Kinder haben Respekt vor Bernhard, weil er hier der Meister ist. Er führt uns zu einem Acker, von dem er eine Parzelle für uns reserviert hat. Dort wartet schon ein alter Pflug mit nur einer einzigen Pflugschar.

Ich erkläre den Kindern, was wir jetzt tun, und frage, wer als Erster den Pflug ziehen will. Natürlich meldet sich Robert, und nachdem wir den Pflug ausgerichtet haben, bekommt er ein Seil über die Schulter gelegt, und los geht's! Robert zieht und zieht und kämpft und ächzt, aber der Pflug bewegt sich keinen Millimeter nach vorn. Schließlich gibt er etwas peinlich berührt auf. Ich frage Alice, ob sie nicht mal das Seil nehmen wolle? Erst schüttelt sie den Kopf, aber weil Sandra, unsere Hockeyspielerin, ihr helfen will, stellt sie sich ganz vorsichtig hinter Sandra. Robert schaut etwas besorgt zu, aber zum Glück bewegt sich nichts. Ich lasse ein Mädchen nach dem anderen mit anpacken, und als es sieben sind, bewegt sich der Pflug auf einmal! Ich drücke ihn in die Furche, und unter den Anfeuerungsrufen der anderen Kinder geht es mehrere Meter vorwärts. Jetzt darf natürlich auch Robert noch mal ran. Und siehe da: Er schafft es mit vier anderen Jungs – und seine Macho-Ehre ist wiederhergestellt. Aber er hat handelnd erfahren, was Teamarbeit ist. Alice hingegen staunt, dass auch sie es schaffen konnte.

Nachdem wir unser Feld etwa zwei Stunden lang in wechselnden Gruppen gepflügt haben, wissen die Kinder, warum die Bauern ihre Felder früher in «Morgen» gemessen haben. Jetzt spannt Bernhard ein Pferd vor den Pflug, und die Kinder bewundern die Kraft, mit der das Tier eine Furche nach der anderen zieht. Danach geht es mit der Egge von vorne los, bis die Schollen fein und krümelig geworden sind. Alle Kinder bekommen Säckchen mit Winterweizen, und während wir den schönen Säerspruch «Bemesst den Schritt, bemesst den Schwung, die Erde bleibt noch lange jung ...» von Conrad Ferdinand Meyer rezitieren, lernen sie, das Saatgut gleichmäßig auszuwerfen. Am Ende stehen wir um unseren kleinen Acker und blicken zufrieden und stolz auf die geleistete Arbeit.

Zurück in der Schule, schreiben und malen die Kinder, was sie getan haben, und wir lernen allerlei über die Landwirtschaft. Im Lauf des Schuljahres besuchen wir auch noch einen Schmied, einen Bootsbauer, einen Glasbläser und eine Ziegelei. Immer dürfen die Kinder selbst anpacken, aber sie sehen auch den Meistern bei der Arbeit zu und erfahren ganz unmittelbar, dass Meisterschaft durch jahrelange Übung entsteht.

Weil wir den Weizen ja auch verarbeiten wollen, nutzen wir die Zwischenzeit, um einen Steinofen zu bauen. Daraus wird schließlich ein ganzes Backhaus, an dem wir lernen, ein Fundament und eine Sohle zu schütten, Ecken und Wände aus roten Ziegeln zu mauern, eine feuerfeste Betondecke einzuziehen und darauf den Ofen samt zwei Ofenklappen und einem Schornstein zu bauen. Schließlich setzen wir ein richtiges Dach mit roten Dachziegeln darauf. Wir ernten mit Sicheln das Getreide, bündeln es und stellen es in sogenannten «Hocken» auf. Nach einer Woche dreschen wir den Weizen mit Dreschflegeln und trennen auf großen Tüchern die Spreu vom Weizen, den wir dann endlich mit Kaffeemühlen mahlen können. Am Ende steht ein Erntedankfest, bei dem wir unser Backhaus einweihen und die Brötchen essen, in die wir ein ganzes Jahr Arbeit investiert haben. Feierlich übergeben wir unser Backhaus dem Schulhort, der es danach über lange Zeit nutzt, um dort einmal wöchentlich mit den Kindern Pizza zu backen.

Ist das nun alles Nostalgie? Darum geht es ganz und gar nicht. Die Kinder machen dabei vielmehr Erfahrungen, die sie niemals über Bücher machen könnten. Weil sie am eigenen Leib und durch ihre eigene Willensanstrengung erfahren haben, wie viel Arbeit in einem einzigen Brötchen steckt, wie das Wachstum sich durch die Jahreszeiten hindurch wandelt und wie Mensch und Natur zusammenarbeiten müssen, damit kein Hunger herrscht. Sie bilden sich lebendige Begriffe, mit denen sie Zusammenhänge denken lernen. Natürlich waren wir auch in einer Großbäckerei. Es waren aber die Erlebnisse auf dem Acker und am eigenen Ofen, mit denen sie eine wirklichkeitsgesättigte Grundlage für das spätere Erkennen biologischer, physikalischer, chemischer, sozialer und ökonomischer Prozesse erworben haben. Eine der schwierigsten pädagogischen Herausforderungen ist heute, die Kinder so stark zu machen, dass sie inmitten der allgegenwärtigen Smartphones und eines immer aggressiveren Konsumangebotes ihr Interesse an der wirklichen Welt nicht verlieren. Auch deshalb geht Waldorfpädagogik immer den Weg von der Erfahrung zur Erkenntnis.

Alice war am Ende des Jahres nicht mehr unsichtbar, und Robert lernte durch die vielen Dinge, die er mit seinen Klassenkameraden zusammen tat, Verantwortung für die Gemeinschaft zu übernehmen. Und manchmal summte die ganze Klasse wie in einem Bienenschwarm.

Werden die Kinder an der Waldorfschule weltanschaulich unterrichtet?

Die von Rudolf Steiner entwickelte Anthroposophie ist eine Erkenntnishilfe für die Lehrer, zu keinem Zeitpunkt aber ist sie Lehrgegenstand des Unterrichts. Das anthroposophische Menschenverständnis geht davon aus, dass jeder Mensch eine einzigartige Individualität ist. Waldorflehrer sehen sich in der Verantwortung, dazu beizutragen, dass jedes Kind im Laufe seiner Entwicklung diesen ihm eigenen Quell seines Denkens, Fühlens und Wollens bewusst ergreifen kann. Eine Erziehung auf eine bestimmte Weltanschauung hin lehnt die Waldorfschule prinzipiell ab. Die Waldorfschule ist auch keine konfessionelle Schule. Deshalb entscheiden zunächst die Eltern, welchen Religionsunterricht ihr Kind besuchen soll, später bestimmen das die Jugendlichen selbst.

Was hat es mit dem Fach Eurythmie auf sich?

Eurythmie ist eine Bewegungskunst, die an
Waldorfschulen in allen Klassen unterrichtet
wird. Im Unterschied zu gymnastischen,
pantomimischen oder tänzerischen Bewegungen,
die frei gestaltet werden, gibt es in der Eurythmie
für jeden Buchstaben und jeden Ton eine bestimmte
Gebärde – es handelt sich also um sichtbar
gemachte Sprache und Musik. Neben
der pädagogischen Eurythmie gibt es die
künstlerisch-therapeutische Eurythmie, die in
Zusammenarbeit mit Ärzten durchgeführt wird,
sowie die professionelle Bühneneurythmie.
In den letzten Jahren wird die Eurythmie
immer öfter in der Sozialtherapie oder
als «Vitaleurythmie» in Betrieben angewandt.

Kinder sind Poeten

Als kleiner Junge lernte ich ein paar hundert Kilometer südlich des Äquators die deutschen Weihnachtslieder kennen. Während draußen Affen, Vögel und Tatzentiere bei 40 Grad ihr abendliches Spektakel veranstalteten, rieselte in meinem Herzen leise der Schnee, die Glöckchen klingelingten, und alle Jahre wieder sang ich aus vollem Herzen die zweite Strophe: «Kehrt mit seiner Säge ein in jedes Haus ...»

Die Liedtexte zauberten Bilder in meine Seele, die mit der Welt, die ich draußen vorfand, kaum etwas zu tun hatten. Dennoch waren sie nicht weniger wirklich als die Schlangen, Rinder und Moskitos, später das Gebrause von São Paulo, von denen ich umgeben war. Kinder sind Poeten – und sie lieben die Sprache um ihrer Laute und ihres Rhythmus' willen. Sie staunen immer neu über die Türen zur Welt, die sich ihnen durch Worte öffnen.

Schon im Mutterleib erkennen Ungeborene die Stimme ihrer Mutter. Wenn sie auf die Welt gekommen sind, hören sie diese Melodie wieder, und die Worte der Mutter bilden eine Sprachhülle, die ihnen weiterhin Geborgenheit gibt. Auch viel später, wenn sie den Sinn verstehen, sind es noch lange die seelischen Gewänder der Worte, denen die Aufmerksamkeit der Kinder gilt.

Wie die meisten charakteristischen Eigenschaften des Menschen lernen wir das Sprechen durch Hören, Nach-

ahmen, Üben, Abgucken und noch mehr Üben. Die Nachahmung ist eine so intensive Form der Begegnung, dass sie
die leiblichen Grundlagen für das Individuell-Werden eines
jeden Menschen schafft: Der Gang und die Sprache der
Menschen sind so einzigartig, dass wir uns daran erkennen
können, ohne uns zu sehen. Der Sprache als der ersten und
wichtigsten Lehrerin unseres Denkens kommt dabei eine
ganz besondere Rolle zu.

Raphael steht neben seinem Papa an einem Weidezaun,
zeigt auf ein Pferd und sagt «Wauwau!». Ein «Wauwau» ist
auch Nachbars Dackel und die Katze, die morgens durch den
Garten streicht. Raphael erkennt alle Vierbeiner als das, was
sie sind – «Wauwaus» eben. Er hat einen Begriff gebildet.
Bald wird er ihn weiter aufgliedern und immer mehr Namen
lernen. Die Sprache verleiht ihm dieses Unterscheidungsvermögen, und so wird aus «Wauwau» schließlich Pferd, Hund
oder Katze.

Maria wird bald drei Jahre alt. Sie plappert, singt und
schnattert vom frühen Morgen bis zum Schlafengehen. Eines
Morgens sieht ihr Vater, wie sie die Straße entlangstapft und
bei jedem Schritt ruft: «Jetzt komm ICH! Jetzt komm ICH!»
Bisher war sie immer Maria, weil das alle zu ihr sagten, aber
jetzt hat sie den Namen ausgesprochen, den sie sich wie
jeder Mensch nur selbst geben kann: «ich». Maria hat sich
denkend selbst entdeckt.

Der Weg, den Raphael und Maria vom Gehen über das
Sprechen zum Denken gegangen sind, wiederholt sich in jedem selbstständigen Lernvorgang. Aber das ist keine Selbstverständlichkeit. Aktuelle Erhebungen belegen, dass jedes
vierte neu eingeschulte Kind unter erheblichen Sprachstö-

rungen und jedes sechste Kind unter Bewegungsdefiziten leidet. 17 Prozent der Erstklässler kommen mit Verhaltensauffälligkeiten in die Schule. Immer mehr Kindern fehlt das Fundament eines an der Bewegung geübten Willens und einer Sprache, mit der sie andere verstehen und sich selbst ausdrücken können – zwei Grundvoraussetzungen für jegliches Lernen.

Auch deswegen werden Maria und Raphael, wenn sie in die erste Klasse einer Waldorfschule kommen, die Einmaleinsreihen erst rhythmisch laufen, klatschen und im Chor aufsagen, bevor sie sie aus ihrem Gedächtnis wieder hervorzaubern. Was Kinder früher nebenbei in ihrer Freizeit lernten, muss heute in der Schule erst geübt werden. Dass das durchaus ein Gewinn für alles Lernen ist, bestätigt die Hirnforschung: Beim Balancieren, Jonglieren und Erlernen von Fingerspielen wird nicht nur der Leib, sondern auch das Gehirn beweglich. Von den Neurowissenschaftlern wissen wir auch, wie intensiv die Sprache und die Intelligenzbildung miteinander verwoben sind. Wenn Maria vom ersten Schuljahr an eine oder zwei Fremdsprachen lernt, ist das für ihr Gedächtnis ebenso förderlich wie für ihr sprachliches Unterscheidungsvermögen.

Damit wird eine pädagogische Idee empirisch untermauert, die an der Waldorfschule seit ihrer Gründung gelebte Praxis ist: Schon im ersten Schuljahr lernen die Kinder eine oder zwei Fremdsprachen. Dabei tauchen sie durch das gemeinsame Singen, Tanzen, Rezitieren, Spielen in eine andere Sprachwelt ein und lernen erst nach und nach über erzählte Geschichten und ihre eigenen Sprechversuche den Sinn verstehen. Fremdsprachen sind eine soziale Kunst, weil sie uns ermöglichen, an anderen Sprachformen andere Denkweisen kennenzulernen: Eine deutsche «Erdbeere» ist etwas ganz anderes als eine süße italienische «fragola» oder gar eine englische «strawberry»; unser «Frosch» sitzt schwer herum, während sein französischer Bruder als «grenouille» fröhlich herumhüpft.

Wenn Kinder sich in eine Sprache einleben, erlernen sie die Vokabeln und die Grammatik zunächst ganz unbewusst. Erst später werden die Gesetzmäßigkeiten und der Wortschatz immer mehr ins Bewusstsein gehoben. Eine lebendige Grammatik geht immer von der Spracherfahrung aus, statt die Sprache aus einzelnen Bestandteilen zusammenzusetzen. Wenn man gemeinsam die Gesetze entdeckt, die in einer Sprache leben, kann das auch im Vergleich zur deutschen Sprache sehr anregend, erhellend und außerdem witzig sein.

Auch mit der deutschen Sprache machen Maria und Raphael viele Erfahrungen: Neben den zahlreichen Geschichten, die sie während der gesamten Unter- und Mittelstufe hören, werden sie während ihrer Schulzeit auch selbst viele Gedichte und Klassiker der Weltliteratur rezitieren und daran entdecken, dass die Form der Sprache ebenso wie ihre Schönheit manchmal noch mehr über den Inhalt von Gesprochenem verrät, als die nackte Information es jemals könnte. In ihren Zeugnissen werden sie jedes Jahr sogar ein Gedicht vorfinden, das eigens für sie geschrieben oder ausgewählt wurde und das sie einmal wöchentlich vor ihrer Klasse rezitieren. Noch weiter wird der Kreis ihrer Zuhörer, wenn sie der ganzen Schulgemeinschaft im achten und zwölften Schuljahr ihre «Jahresarbeiten» vorstellen.

Neben der Lyrik und den Vorträgen lernen sie bei vielen Theateraufführungen zudem die dramatische Seite der Sprache kennen.

Schule kann so viel mehr sein als ein Ort sitzender Wissensvermittlung. Unsere lebenslange Reise des Entdeckens und Lernens braucht Bewegung als Antrieb, Sprache als Fahrzeug und das Denken als Navigationsinstrument.

Welche Rolle spielen die Naturwissenschaften an der Waldorfschule? Und wie stehen die Waldorfschulen zum Umgang mit dem Computer?

An der Waldorfschule stehen die naturwissenschaftlichen Fächer gleichgewichtig neben allen anderen Unterrichtsfächern. In den jüngeren Klassen geht es zunächst darum, die eigene Wahrnehmungsfähigkeit zu schulen und die Naturgesetze vor allem durch Beobachtung und Experiment zu erschließen (phänomenologisches Lernen). Mit der Pubertät gewinnt die reflektierende Auseinandersetzung mit den Naturwissenschaften immer mehr an Bedeutung und umfasst – altersgerecht – das volle Spektrum der modernen Chemie, Physik, Biologie, Astronomie und Geologie. Eine PISA-Studie zu den Naturwissenschaften bescheinigte Waldorfschülern weit überdurchschnittliche naturwissenschaftliche Kompetenzen und führte dies unmittelbar auf die Unterrichtsmethoden zurück. Informatik ist fester Bestandteil im Lehrplan der Waldorfschulen, die allerdings Wert darauf legen, dass die Kinder die Welt zuerst durch ihre Sinne erfahren und daran ihr kreatives Potenzial und soziale Kompetenz entwickeln. Bereits vom ersten Schuljahr an lernen die Kinder den Umgang mit ganz unterschiedlichen Medien. Die schulische Auseinandersetzung mit elektronischen Medien beginnt an vielen Schulen im Laufe des sechsten Schuljahres. In der Oberstufe ist der Umgang mit der Soft- und Hardware für jeden Waldorfschüler eine Selbstverständlichkeit.

Prüfungen gehören zum Leben

«Heute hat die Schule Geburtstag!» Zweitklässlerin Lena schaut aufgeregt zu, wie 26 Erstklässler heute zum ersten Mal in die Schule kommen – und ihr neuer Klassenlehrer auch: Eben noch Student, finde ich mich plötzlich im Saal meiner auch erst ein Jahr alten Waldorfschule wieder. Nacheinander rufe ich jedes Kind zu mir, gebe ihm die Hand und nehme es in die Klasse, die Schule, in einen neuen Lebensabschnitt und in mein Herz auf.

Die Schulzeit endet nicht nur, sie beginnt auch mit einer Prüfung, die es in sich hat. Es ist immer wieder ein unvergesslicher Eindruck, wie verschieden die Kinder den Weg aus dem Schutz ihrer Eltern nach vorne zu ihrem neuen Lehrer und den Klassenkameraden meistern: Während Lieschen endlich nach vorne hüpfen darf, leicht wie eine Feder, setzt Fritzchen vorsichtig tastend einen Fuß vor den anderen, und Hänschen stapft wie ein alter Bauer nach vorne, komme nur, was da wolle!

Ich merke schnell, wie existenziell dieser Gang für manche Kinder ist. Kaum sind wir in unserer Klasse zur ersten Unterrichtsstunde angekommen, verzieht sich ein Junge mit tiefbraunen, unter langen Wimpern verborgenen Augen in die hinterste Ecke des Raumes und zieht seinen blauen Anorak fest über Kopf und Schultern. Während die anderen Kinder immer mutiger mit mir und untereinander Verbindung aufnehmen, bleibt Hauke die ganze Stunde lang so sitzen. Alle Versuche, ihn anzusprechen, bewirken nichts – am Ende der Stunde geht er wortlos zu seinen Eltern.

So geht es über mehrere Tage. Hauke schweigt durch seinen Anorak hindurch, will aber auch nicht, dass seine Mutter ihn begleitet.

Die Rettung naht schließlich in Gestalt eines Seidentuches, das ich zum «Zelt» erkläre, in welches er sich jederzeit zurückziehen darf. So wird der Anorak überflüssig, und Hauke kann aus sicherer Distanz feine Fäden zu uns spinnen, bis er auch diesen Schutzraum nicht mehr braucht.

Dreizehn Jahre nach diesem Auftakt legte Hauke übrigens ein sehr gutes Abitur ab, studierte Germanistik und wurde schließlich Lehrer. Seine letzte schulische Prüfung war für ihn überhaupt kein Problem, aber vorher musste er viele andere Prüfungen bestehen, von denen die meisten sehr viel mehr über ihn verrieten als die Abschlussnote im Abitur.

Prüfungen gehören zum Leben und zum Mündigwerden eines jeden Menschen. Sie sind Schwellen, die man überwinden muss, um neue Stufen der Unabhängigkeit zu erreichen – und sie sind Orte der Selbsterkenntnis, weil sie zeigen, was man schon kann oder noch üben muss. Deshalb lieben Waldorfschulen Prüfungen! Allerdings verstehen sie darunter sehr viel mehr als die standardisierten staatlichen Abschlüsse, denen sie sich natürlich auch stellen: Selbstverständlich können Waldorfschüler alle staatlichen Prüfungen (Abitur, Fachhochschulreife, Real- oder Hauptschulabschluss) ablegen. Die Statistiken der Bundesländer zeigen, dass ihre Durchschnittsnoten nicht nur mindestens den gleichen Stand wie die ihrer Altersgenossen aus staatlichen Schulen erreichen, sondern auch, dass weit mehr Waldorfschüler einen mittleren oder höheren Abschluss schaffen als ihre Mitschüler innerhalb des staatlichen Schulsystems. Absolventenstudien wiederum zeigen, dass im Vergleich zu ihren Altersgenossen überdurchschnittlich viele Waldorfschüler später Lehrer oder Naturwissenschaftler werden, gefolgt von künstlerischen, sozialen oder wirtschaftlichen Berufen. Eine Sonderauswertung der PISA-Ergebnisse an den österreichischen Waldorfschulen führt ihr gutes Abschneiden in den Naturwissenschaften unmittelbar auf die angewandten Unterrichtsmethoden zurück, weil diese das selbstständige Denken anregten.

Echte Prüfungen fragen allerdings nicht nur Standards ab, sondern lassen die Prüflinge über sich hinauswachsen. So ging es auch Hauke, durch den die Welt, als er in die Schule kam, einfach hindurchzuströmen schien. Zugleich zeigte er eine so unbändige Phantasie, dass meine Hauptfrage wurde, was ich tun müsste, um ihm zu helfen, endlich seine Füße auf die Erde zu bekommen. Wie so oft lag ein Teil der Antwort schon in der Frage. Deshalb vereinbarte ich mit seinen Eltern, dass er ab sofort bei Wind und Wetter mit dicken Wanderstiefeln zur Schule laufen sollte. Das Fahrrad wurde verbannt, und fortan wanderte Hauke an jedem Tag die Strecke zur Schule. Auch für seine Eltern, die ihn anfangs natürlich begleiteten, war das eine harte Prüfung!

Hauke erwanderte sich auf diese Weise Stückchen für Stückchen etwas mehr Erdenschwere. Über lange Zeit träumte er noch still mit und beobachtete, was in der Klasse passierte. Rechnen fiel ihm leicht, aber als die anderen Kinder im zweiten, dritten und vierten Schuljahr schon längst Aufsätze schrieben, weigerte er sich immer noch hartnäckig, zu schreiben oder zu lesen. Hätte es bei uns Noten und Sitzenbleiben gegeben, wäre Hauke gnadenlos durchgefallen. Dann erzählte ich den Kindern zu Beginn des fünften Schuljahres von Alexanders großem Eroberungszug in den Orient. Zwei Tage später hatte Hauke sich gleich mehrere Bücher über Alexander den Großen in der Stadtbücherei ausgeliehen, und am Ende der Epoche schrieb er einen Aufsatz über Alexander, für den er von der Klasse stehenden Applaus bekam: Der Text war druckreif formuliert. In kürzester Zeit konnte Hauke fließend und fehlerfrei schreiben. Er hatte seine Prüfung mit Bravour bestanden.

Waldorfschüler müssen viele Prüfungen bestehen: Einmal wöchentlich rezitieren schon die Zweitklässler vor der ganzen Klasse ihren «Zeugnisspruch». Immer wieder erproben sie ihre Geschicklichkeit in der Bewegung und bei zahlreichen praktischen, künstlerischen und zunehmend auch intellektuellen Herausforderungen. Im achten und zwölften Schuljahr arbeitet jeder Schüler monatelang an einem individuell gewählten Thema, dessen Themenspektrum vom Bau eines Schiffes über das Weben eines Gobelins oder einem anspruchsvollen Theaterstück bis zu einer wissenschaftlichen Arbeit oder einem sozialen Dienst reichen kann. Immer aber gehört eine Präsentation in Schrift, Wort und Tat vor großem Publikum dazu. Bei dieser Prüfung werden das individuelle Können, Durchhaltevermögen und der intellektuelle, praktische oder künstlerische Fortschritt jedes einzelnen Schülers sichtbar. Ebenfalls im achten und zwölften Schuljahr erarbeiten sich alle Schüler in langer Probenarbeit zwei große Theaterinszenierungen, bei denen sich jeder einzelne Schüler zugleich individuell und als «Teamplayer» bewähren muss. Es ist immer faszinierend zu beobachten, welche verborgenen Talente sich in diesem schöpferischen Schmelztiegel offenbaren.

Der Weg aus der Geborgenheit zur Individualität führt eben über Schwellen. Wenn die jungen Menschen danach stärker und klüger sind als vorher, waren die Prüfungen gut – die Schule feiert Geburtstage.

Wie viele Waldorfschulen gibt es überhaupt und wie steht es mit einem Schulwechsel?

In Deutschland gibt es fast überall eine Waldorfschule in erreichbarer Nähe – aktuell (März 2014) sind es 232 mit rund 85.000 Schülern. Neugründungen kommen in jedem Jahr dazu. Weltweit gibt es weit mehr als 1.000 Waldorfschulen auf allen Kontinenten. Damit sind die Waldorfschulen die größte überkonfessionelle und nichtstaatliche pädagogische Bewegung der Welt. Auf der Homepage des Bundes der Freien Waldorfschulen (www.waldorfschule.de) finden Sie eine aktuelle Liste der Schulen in Ihrer Nähe. Ein Wechsel von und zu staatlichen Regelschulen bedeutet zwar eine Umstellung, ist aber möglich und keine Seltenheit.

Besondere Stärken – besondere Schwächen

Mitten auf der riesigen Bühne sitzt ganz allein ein Mädchen, neun Jahre alt. Fünfhundert Mitschüler schnattern durcheinander, bis es von einem Augenblick zum anderen mucksmäuschenstill im Saal wird: Das Mädchen hat eine Flöte aufgehoben und beginnt zu spielen. Jenny hält ihre Panflöte mit den Füßen, weil sie ohne Arme auf die Welt gekommen ist. Sie spielt eine wunderschöne Melodie und bekommt donnernden Applaus. Nicht weniger virtuos kann Jenny mit ihren Füßen schreiben und zeichnen, einige Jahre später auch eine Computertastatur bedienen und übrigens auch Fußball spielen. Kurz vor ihrem Abitur macht sie den Führerschein.

Von Anusha, die nur zehn Prozent der als normal geltenden Sehkraft hat, habe ich weiter vorne schon einmal geschrieben. Anusha lässt sich bei allem, was sie tut, Zeit. Alle Eindrücke gehen immer erst durch ihr Herz, und so erlauscht sie oft Dinge, die anderen entgehen. Im Lauf der Jahre entwickelte sie aus dieser innerlich durchdrungenen Langsamkeit eine soziale Intelligenz, mit der sie die ganze Klassengemeinschaft nachhaltig prägte.

Und dann ist da Orhan, der sich schon in der ersten Rechenepoche seiner Schulkarriere die Zeit damit vertrieb, alle gestellten Rechenaufgaben erst zu addieren, später miteinander zu multiplizieren – eine Leistung, die seine Klassenkameradin Tanja noch im zehnten Schuljahr zur Verzweiflung gebracht hätte. Schreiben und Lesen lernte er im Vorbeigehen. Wenn Orhan allerdings eine Form, etwa einen Kreis, laufen oder zeichnen sollte, trieb ihm das Tränen in die Augen, denn seine Füße und Hände machten etwas ganz anderes, als er es sich vorgestellt hatte.

Jenny, Anusha und Orhan – alle drei haben besondere Stärken und besondere Schwächen – wie jedes Kind und jeder Mensch. Vor gar nicht langer Zeit wären die beiden Erstgenannten, vermutlich auch Tanja, zwangsweise aus der Gemeinschaft der Kinder ausgegrenzt und in besonderen Einrichtungen unterrichtet worden. Jennys Eltern mussten hart darum kämpfen, dass sie eine Begleiterin bekam, die ihr bei der Bewältigung des Alltags helfen konnte, und es dauerte viele Jahre, bis Anushas Eltern die Kosten für die elektronischen Lesehilfen auch beim Besuch unserer nichtstaatlichen Schule erstattet wurden.

2009 ratifizierte Deutschland die «UN-Konvention über die Rechte von Menschen mit Behinderungen». Seitdem ist viel passiert, um ihnen ein barrierefreies Leben zu ermöglichen. Aus der Präambel der Konvention geht allerdings hervor, dass es um viel mehr als um rollstuhlgerechte Busse und blindentaugliche Ampeln geht, so wichtig diese sind. Unter e) heißt es dort: «... in der Erkenntnis, dass das Verständnis von Behinderung sich ständig weiterentwickelt und dass Behinderung aus der Wechselwirkung zwischen Menschen mit Beeinträchtigungen und einstellungs- und umweltbedingten Barrieren entsteht, die sie an der vollen, wirksamen und gleichberechtigten Teilhabe an der Gesellschaft hindern ...» Mit anderen Worten: Behinderung ist nichts, was einem Menschen einfach anhaftet, sondern sie entsteht erst in den Augen der Mitmenschen und in der Art und Weise, wie wir miteinander umgehen. Können wir uns also auch gegenseitig «ent-hindern», indem wir die Perspektive wechseln? – Genau das ist die Idee der Inklusion, die Menschen mit Behinderungen nicht einfach integrieren will (dazu müssten sie zunächst ausgegrenzt sein), sondern alle Menschen auf Augenhöhe am gesellschaftlichen Leben teilhaben lassen will.

Was für die ganze Gesellschaft gilt, fängt im Kindergarten und in der Schule an. Deshalb machen sich viele Pädagogen Gedanken darüber, wie das denn praktisch gehen kann. Das gilt auch für die Waldorfschulen, von denen einige schon seit vielen Jahren (etwa die Windrather Talschule in Velbert, die Integrative Waldorfschule in Emmendingen oder die Kreuzberger Waldorfschule in Berlin) zeigen, dass Inklusion tatsächlich funktioniert.

Die Idee des gemeinschaftlichen Unterrichts von Kindern mit ganz unterschiedlichen Begabungen stand allerdings schon an der Wiege der ersten Waldorfschule und ist bis heute ein hohes Ideal. Ihr ist zu verdanken, dass Waldorfschüler nicht sitzenbleiben können, dass es an vielen Schulen ein umfangreiches therapeutisches Angebot, oft einen Schularzt und neue Formen der Leistungsüberprüfung gibt.

Die Vielfalt der Begabungen macht das Schulleben überhaupt erst interessant, weil sich die Schüler gegenseitig – und übrigens auch die Lehrer – immer wieder überraschen und anregen. Individuelle Leistungen werden wichtiger als

Standards, Hindernisse beim Lernen nicht als Mängel, sondern als Übfelder erlebt. Das haben auch Jenny, Anusha und Orhan erfahren. Für ihre Klassenkameraden war es von Anfang an völlig selbstverständlich, dass sie das eine konnten, das andere nicht. Die Kinder kamen gar nicht auf die Idee, dass einer von ihnen nicht dazugehören könnte – es ging zusammen los, und dabei blieb es. Auch ihre Klassenkameraden nahmen individuelle Förderangebote in Anspruch, die von der Sprachgestaltung, Heileurythmie und Maltherapie bis zu Einzelunterricht, der Arbeit in kleinen Lerngruppen oder zu Projekten für Begabungen reichten, die im regulären Unterricht nicht hinreichend gefördert werden können. Immer mehr Kinder sind auf eine besondere Zuwendung, Wahrnehmung und Förderung angewiesen. Deshalb arbeiten in den jüngeren Klassen oft Klassenhelfer/innen mit, die da sind, wenn ein Kind sie braucht. Zusammen mit den Helfern für die Kinder mit Assistenzbedarf entstehen kleine Teams, die für eine Klasse da sind.

Wegen der geänderten Bedingungen, unter denen Kinder heute unterrichtet werden, schließen sich an immer mehr Schulen alle Lehrerinnen und Lehrer, die in einer Klasse unterrichten, zu einem fächerübergreifenden Team zusammen. Mit Blick auf die Kinder tarieren sie immer wieder neu aus, wo die Schwerpunkte für die nächsten Wochen oder Monate liegen sollen. Weil Inklusion sich dem klassischen 45-Minuten-Takt widersetzt, kann sie zum Katalysator für neue Lernformen werden, von denen alle profitieren – wenn sie gelingt, wenn die Möglichkeiten da sind. Viele Waldorfschulen haben schon heute eigene Förderzweige oder arbeiten eng mit heilpädagogischen Schulen zusammen.

Inklusion kann man nicht einfach verordnen. Sie ist zuerst eine Frage an das Menschenbild jedes Einzelnen, aus dem sich im Lauf der Zeit vielfältige Formen des Zusammenarbeitens entwickeln werden. Deshalb gibt es auch nicht den einen Weg dorthin. Sicher ist nur, dass sie kein Sparmodell für die Länderhaushalte sein kann, sondern uns etwas wert sein muss.

In Tanjas Klasse gab es nicht nur den Mathe-Crack Orhan, sondern eine ganze Reihe kognitiv sehr begabter Mitschüler, unter denen sich auch ein hochbegabter Musiker fand. Trotzdem fühlte sich Tanja in dieser Gemeinschaft geborgen. Wahrscheinlich waren alle zusammen erst ein gesunder Mensch.

Anthroposophie und Waldorfpädagogik

Obwohl die Waldorfpädagogik weltweit geschätzt wird, ist die Anthroposophie, der sie viele ihrer wichtigsten Impulse verdankt, für manche Kritiker ein Stein des Anstoßes. Nicht selten ist die Meinung zu hören, die Methoden der Waldorfpädagogik seien ja ganz wunderbar, aber auf die Anthroposophie könne man doch gut verzichten. Was hat es also damit auf sich und welche Rolle spielt sie im Leben der Waldorfschulen?

Die Anthroposophie geht auf Rudolf Steiner zurück, der 1861 im heutigen Kroatien geboren wurde und 1925 im Schweizer Dornach, dem Sitz der von ihm gegründeten «Freien Hochschule für Geisteswissenschaft», starb. Steiner studierte in Wien Mathematik und verschiedene Naturwissenschaften auf Lehramt, außerdem Literatur, Philosophie und Geschichte. Sein Studium finanzierte er mit Privatunterricht für den Sohn einer jüdischen Unternehmerfamilie, der unter einem Hydrocephalus («Wasserkopf») litt und den er erfolgreich auf das Gymnasium und sein späteres Medizinstudium vorbereitete.

Auf Empfehlung des Goethe-Kenners Prof. Karl-Julius Schröer wurde Steiner ans Weimarer Goethe-Archiv berufen, um Goethes naturwissenschaftliche Schriften herauszugeben. 1892 promovierte er in Rostock, 1893 veröffentlichte er sein philosophisches Hauptwerk «Die Philosophie der Freiheit». Von 1899 – 1904 unterrichtete er an der von Karl Liebknecht gegründeten Arbeiterbildungsschule in Berlin. Ab 1904 trat Steiner zunehmend als Vortragsredner in Erscheinung und entwickelte die Grundlagen der anthroposophischen Geisteswissenschaft, von der er sagte: «Unter Anthroposophie verstehe ich eine wissenschaftliche Erforschung der geistigen Welt, welche die Einseitigkeiten einer bloßen Naturerkenntnis ebenso wie diejenigen der gewöhnlichen Mystik durchschaut ...»* Mit seinen Forschungen impulsierte er zahlreiche Arbeitsfelder, die von der Pädagogik und Heilpädagogik über die Medizin bis zur Kunst, Landwirtschaft und Architektur reichen. Weltweit arbeiten heute mehr als 10.000 Schulen, Kliniken, Demeter-Höfe und andere Einrichtungen auf anthroposophischer Grundlage, häufig in sozialen Brennpunkten. Namhafte Unternehmen (wie Dr. Hauschka, Weleda oder die Drogeriekette dm) sind von dem anthroposophischen Sozialimpuls geprägt, der sich 1919 auch in der Gründung der ersten Waldorfschule niederschlug.

Obwohl die Anthroposophie ihre praktische Fruchtbarkeit damit seit Jahrzehnten unter Beweis stellt, wenden einige Kritiker ein, als spirituelle «Geisteswissenschaft» sei sie eine Glaubensfrage, die sich dem wissenschaftlichen Diskurs entziehe. Für eine gründliche Auseinandersetzung mit diesem Einwand muss ich auf die Literatur verweisen. Wie jede

---

* Rudolf Steiner: *Philosophie und Anthroposophie. Gesammelte Aufsätze 1904 – 1923*, Rudolf Steiner Gesamtausgabe (GA) Band 35, Dornach/Basel, 1984.

bedeutende geistige Strömung ist auch die Anthroposophie nicht vor Dogmatikern, eigenwilligen Auslegungen oder ideologischer Vereinnahmung gefeit, Begleiterscheinungen der gesamten Ideengeschichte der Menschheit. Steiner forderte seine Schüler aber schon zu Lebzeiten nachdrücklich auf, die Ergebnisse seiner Arbeit nicht einfach hinzunehmen, sondern zu überprüfen und selbstständig weiterzuführen. Im Sinne einer solchen erfahrungsbasierten Prüfung ist die Auseinandersetzung mit seinen pädagogischen Anregungen auch heute eine wichtige Grundlage der Kollegiumsarbeit an Waldorfschulen. Die Anthroposophie erschließt sich allerdings nicht leicht, sondern erfordert ein hohes Maß an Konzentration, Geduld und Unbefangenheit. Im Lehrplan der Waldorfschule kommt sie überhaupt nicht vor – sie ist kein Lehrgegenstand, sondern ein Angebot an die Lehrer, sich mit dem Verhältnis der geistig-seelischen zur körperlich-leiblichen Existenz des Menschen auseinanderzusetzen und daraus Ideen für die pädagogische Praxis zu gewinnen.

Im Folgenden gehe ich kurz auf drei Stichworte ein, die mitunter als problematisch empfunden werden. Danach folgt ein Hinweis auf die «Stuttgarter Erklärung», die sich im Anhang findet.

Reinkarnation

Die Waldorfpädagogik geht davon aus, dass ein Kind nicht als neuronaler Biocomputer, dessen Speicher formatiert und beschrieben werden muss, zur Welt kommt, sondern als einzigartige Individualität, die bereits viele Erfahrungen mitbringt und ihre besondere Lebensaufgabe im Laufe ihrer biografischen Entwicklung selbst entdecken muss. Dieser Idee liegt die Überzeugung zugrunde, dass jeder Mensch durch wiederholte Erdenleben hindurchgeht und dabei die eigene Entwicklung immer mehr selbst in die Hand nimmt.

Manche Kritiker schließen daraus, Waldorflehrer glaubten, das «Karma» der Kinder zu kennen oder gar beeinflussen zu dürfen. Das Gegenteil ist richtig: Jedes Kind ist ein ungelöstes Rätsel; meine Aufgabe als Lehrer ist es, ihm zu helfen, seine Fähigkeiten tatkräftig zu entwickeln, also Werkzeuge für eine Lebensaufgabe zu schmieden, die es selbst erst noch entdecken wird.

Jahrsiebte

In unterschiedlichen Lebensaltern eignen sich die Kinder die Welt ganz unterschiedlich an. Rudolf Steiner leitete aus der Beobachtung des Zusammenwirkens der physiologischen, psychischen, sozialen und geistigen Prozesse das Konzept der «Jahrsiebte» ab, welche die großen Abschnitte dieser Entwicklungsschritte markieren.

Einige Kritiker lehnen die Jahrsiebte als starres Schema ab. Tatsächlich geht es aber überhaupt nicht darum, die Kinder in ein Schema zu pressen, sondern darum, Gesichtspunkte für einen altersgemäßen Zugang zum Lernen zu finden. Gerade das Fehlen solcher Kriterien führt heute oft zu einer Überforderung der Kinder, was sich in Schulverweigerung, psychosomatischen Erkrankungen oder einem problematischen Sozialverhalten ausdrücken kann.

Temperamente

Rudolf Steiner gab Anregungen zur «Temperaments-
erziehung» der Kinder. Dabei unterschied er zwischen Cho-
lerikern, Melancholikern, Phlegmatikern und Sanguinikern,
die gleichwohl nie allein, sondern immer in einer individuellen Mischung auftreten. Steiner regte an, die Kinder darin
zu unterstützen, ihr Temperament aktiv zu beherrschen und
sich nicht von ihm überwältigen zu lassen. Kritiker sehen
darin eine Kategorisierung, die dem einzelnen Kind nicht
gerecht wird.

Auch hier geht es aber nicht um eine Festlegung, sondern darum, die pädagogische Phantasie zugunsten des
einzelnen Kindes in Bewegung zu bringen. Steiners exemplarisch gegebene Anregungen müssen bei jedem Kind
modifiziert werden. In der täglichen Praxis der meisten
Waldorfschulen spielen die Temperamente heute eine unter-
geordnete Rolle.

Rassismus

Einige Autoren werfen Rudolf Steiner vor, rassistisches
Gedankengut vertreten zu haben. Sie beziehen sich dabei
auf einzelne Formulierungen in seinen Vorträgen, die
aus heutiger Sicht in der Tat diskriminierend wirken. Um
Missverständnisse auszuschließen, haben die deutschen
Waldorfschulen dazu eine Erklärung verabschiedet, die als
«Stuttgarter Erklärung» im Anhang abgedruckt ist.

Stuttgarter Erklärung

Waldorfschulen gegen Diskriminierung

Die Freien Waldorfschulen leisten bei der Wahrnehmung ihrer erzieherischen Aufgabe im Geiste der Menschenrechte einen Beitrag für eine Gesellschaft, die auf dem solidarischen Zusammenleben aller Menschen beruht.

Als Schulen ohne Auslese, Sonderung und Diskriminierung ihrer Schülerinnen und Schüler sehen sie alle Menschen als frei und gleich an Würde und Rechten an, unabhängig von ethnischer Zugehörigkeit, nationaler oder sozialer Herkunft, Geschlecht, Sprache, Religion, politischer oder sonstiger Überzeugung.

Die Anthroposophie als Grundlage der Waldorfpädagogik richtet sich gegen jede Form von Rassismus und Nationalismus. Die Freien Waldorfschulen sind sich bewusst, dass vereinzelte Formulierungen im Gesamtwerk Rudolf Steiners nach dem heutigen Verständnis nicht dieser Grundrichtung entsprechen und diskriminierend wirken.

Weder in der Praxis der Schulen noch in der Lehrerausbildung werden rassistische oder diskriminierende Tendenzen geduldet. Die Freien Waldorfschulen verwahren sich ausdrücklich gegen jede rassistische oder nationalistische Vereinnahmung ihrer Pädagogik und von Rudolf Steiners Werk.

Aus diesem Selbstverständnis arbeiten die Freien Waldorfschulen seit ihrer Gründung 1919. Waldorfpädagogische Einrichtungen engagieren sich heute in allen Erdteilen, darunter in sozialen Brennpunkten Europas, Afrikas, Amerikas, Asiens, in Israel und der arabischen Welt.

Verabschiedet von der Mitgliederversammlung des Bundes der Freien Waldorfschulen, Stuttgart, am 28. Oktober 2007

Wie gliedert sich der Hauptunterricht?

Ein grundlegendes Motiv für die Gestaltung des Unterrichts ist es, Phasen der Konzentration mit solchen der Entspannung abwechseln zu lassen, also atmenden Rhythmus in das Lernen zu bringen. Ein Hauptunterricht in den jüngeren Klassen dauert ca. 100 Minuten und geht durch mehrere Phasen. Der hier beschriebene typische Ablauf kann nach Alter, Fach, Gewichtung durch den Lehrer oder besondere Bedürfnisse der Kinder variieren:

Begrüßung (persönlich, Gruppe, Morgenspruch);
Bewegung (Koordinationsübungen,
Rhythmus, Musik, Rezitation);
Zur-Ruhe-Kommen (Zeugnissprüche,
Fingerspiele, Aufmerksamkeitsübungen);
Wiederholung des am Vortag Erlebten,
Besprechung, Begriffsbildung;
Anknüpfung und Weiterführung
des Unterrichtsstoffes;
individuelle Arbeit am Thema (Arbeit
am Epochenheft, in Gruppen, an Projekten);
Erzählteil, Ausklang

Lehrplan durch alle Stufen

Wo ist inmitten all der Geschichten, Fragen und Antworten dieses Buches der rote Faden, der sichtbar macht, was das für die Lehrziele und Aufeinanderfolge der einzelnen Fächer in verschiedenen Altersstufen bedeutet? Die umseitig abgebildete Grafik gibt einen tabellarischen Überblick über die Lernstufen, die innerhalb der einzelnen Fächer von der Einschulung bis zu den Schulabschlüssen durchlaufen werden. Es ist eine exemplarische Zusammenfassung, die das Charakteristische der Lehrpläne der meisten Waldorfschulen abbildet, ohne allerdings ein statisches System vorzugeben: Jede Waldorfschule modifiziert diesen Lehrplan unter Berücksichtigung besonderer pädagogischer Initiativen und Herausforderungen vor Ort, regionaler Prüfungsanforderungen und ihrem jeweiligen Schulprofil. Die großen Linien stimmen aber im Wesentlichen überein.

Die einzelnen Zeilen zeigen die Entwicklung der Fächer im Verlauf der zwölf (mit Abitur dreizehn) Schuljahre, die Spalten das Unterrichtsangebot in bestimmten Altersgruppen. Daraus wird ersichtlich, dass «ganzheitlich» im Sinne der Waldorfpädagogik auch eine zeitliche Dimension hat: Die Fächer entwickeln sich nicht nur durch die Verlagerung der inhaltlichen Schwerpunkte, sondern auch durch sich wandelnde methodische Ansätze und das interdisziplinäre Zusammenspiel der Fächer in verschiedenen Altersstufen.

Dieser Lehrplan ist aus den Erfahrungen und pädagogischen Initiativen, die über Jahrzehnte an den Waldorfschulen gesammelt wurden, gewachsen und bis heute ein «Work-in-progress», der neue Erkenntnisse der Lernforschung und der Neurowissenschaften ebenso berücksichtigt wie gesellschaftliche Entwicklungen und die konkreten Bedürfnisse der Schüler. Grundlegend für den Waldorf-Lehrplan ist, dass die kognitiven, künstlerischen und praktischen Unterrichtsangebote in einem ausgewogenen Verhältnis zueinander stehen.

Während seiner Schulungskurse für die Lehrerinnen und Lehrer der ersten Waldorfschule legte Rudolf Steiner auch einen Rahmenlehrplan fest. Grundprinzip war damals wie heute, das pädagogisch Wünschenswerte mit dem gesellschaftlich Notwendigen in Deckung zu bringen, ohne dabei unnötige Kompromisse mit kurzfristigen politischen oder pädagogischen Moden einzugehen. Entsprechend hat auch der Lehrplan trotz aller Veränderungen nie den Grundsatz verlassen, dass der sich entwickelnde Mensch der wichtigste Maßstab allen pädagogischen Handelns ist.

Die derzeitige rasante Ausbreitung der Waldorfpädagogik insbesondere im asiatisch-pazifischen Raum, in Afrika und Südamerika, bringt viele neue Farben in die konkrete Ausgestaltung der Waldorfpädagogik, von denen auch die europäischen Waldorfschulen profitieren.

	1.	2.	3.	4.	5.	6.
Deutsch	Verse, Gedichte, Spiele, Schreiben und Lesen			Zusammenfassen, Aufsätze, Berichte, Briefe Grammatik, Gedichte, Rezitationen		
Erzählstoff	Märchen	Legenden, Fabeln	Biblische Geschichten	Nordische Mythologie	Griechische Mythologie	Römische Geschichte
Geschichte					Alte Kulturen, Griechen	Römer, Mittelalter
Kunstbetr.						
Sachkunde | Erdkunde			Ackerbau, Hausbau	Heimatkunde	Geographie	
Praktika						
Naturkunde | Biologie				Mensch / Tier	Pflanze	Mineral
Physik						Akustik, Optik
Chemie						
Sprache	Sprechverse, Erzählübung	Lesen, schriftliche Berichte		Grammatik		
Englisch | Französisch	Verse, Lieder, einfache Konversation				Übergang geschr. Sprache Gram., Lektüre	
Mathematik | Geometrie	Rechnen mit ganzen Zahlen		schrift. Rechnen, Maße, Brüche	Dez.-Zahlen	Dreisatz, Pro u. Zinsrech	
Zeichnen | Geometrie	Formenzeichnen			Freihandgeometrie		Geometri
	Zeichnen aus Unterricht und Erzählstoffen, Epochenhefte					Kohlezeichn
Informatik | Medienkunde	Sinnesschulung, taktile Geschicklichkeit Sprache, Musik, Theater					Grundrege Netzsicherh
Malen | Plastizieren	Farberleben (Wasserfarben und Wachskreiden), Übungen im Farbkreis, Plastizieren mit Wachs und Ton					
Singen	Singen im Klassenverband				Mittelstufenchor	
Instrumental	Blockflöte				Mittelstufenorchester	
Eurythmie	Laut- und Ton-Eurythmie					
Turnen	Spiel-Turnen		Gymnastik, Geräteturnen, Orientierungslauf			
Werkunterricht						Holzbearb Schnitze
Handarbeit	Stricken, Wollbearbeitung, Häkeln, Sticken					Tiere
Gartenbau	Schafhaltung					Grundelemente
Theater						Klassensp
Religion	nach Konfession					

7.	8.	9.	10.	11.	12.
Zusätzlich: Stilistik, Referate		Vertiefung Stilistik, Grammatik, Referate, Aufsatzlehre			
Fremde Völker, Entdecker, Biographien					
Renaissance bis Gegenwart		Neuere Gesch., Ideengesch.	Alte Kulturen	Mittelalter	Wirtsch.-Gesch., Synopse
		Malerei, Plastik	Poetik	Musik	Architektur
Geographie, Astronomie	Geographie, Klimatologie	Geologie	Erde als Ganzes	Ökologie, Entw.-Länder	politische Geographie
		Forst- und Landwirt.-Praktikum	Feldmessen	Berufspraktikum	Sozialpraktikum
Anthropologie		Bewegungs- u. Sinnesorg.	Innere Organe	allg. Biologie, Botanik	allg. Biologie, Zoologie
Wärmelehre, Magnetismus, Elektrizität, Mechanik		Akustik, Optik, Wärmelehre, Magnetismus, Elektrizität, Mechanik, Radioaktivität			
Verbrennung, Salzbildung	Stärke, Fett, Eiweiß	Chemie des Lebendigen	Säuren, Basen, Salze, Mineralog.	Elemente der quant. Chemie	Biochemie
Grammatik	Stilistik, Geschäftsbrief			Literaturgeschichte	
ergang geschr. r., Gram., Lekt.		Konversation, Ausbau und Festigung der sprachlichen Grundlagen, Stilelemente, anspruchsvolle Lektüre			
Algebra, Planimetrie		Kombinatorik, Stereometrie	Logarithmen, Analy. Geo.	Vektor, Stochastik, Projektive Geo.	Differential- u. Integralrech.
Geometrie		Geometrisches & tech. Zeichnen	Feldmessen	Kartographie	Portrait
Perspektive	Schwarz-Weiß-Zeichnen				Architektur
astatur / 10-nger-System	Recherchieren, Quellenkritik, Geschäfts-E-Mails		Relais-Schaltungen, Aufbau CPU, Geschichte	Programmierpraktikum, Algorithmen	Aufbau Internet, Datentransfer
			Wirkung von Bildern, Analyse von Werbe-Spots, Unterhaltungsmusik, Filmmusik. Film- und Hörspielproduktion, Reportagen		
Farberleben			Plastizieren mit Ton	Malen (Aquarell und Öl)	Portrait
Mittelstufenchor		Oberstufenchor			
Mittelstufenorchester		Oberstufenorchester			
Laut- und Ton-Eurythmie					
Sport – alle Disziplinen					
Holzbearb., Schnitzen		Metallarbeit, Schmieden	Holz: Relief und Plastik, Schreinern, Korbflechten, Steinhauen		
Puppen	Nähmaschine	Schneidern, Spinnen, Weben		Buchbinden	Kartonage
Pflanzen, Bienen	Tiere, Baumschnitt	Pflanzenverm., Veredelung			
	Klassenspiel		English-Play		Klassenspiel
nach Konfession		nach Konfession, Ethik und Philosophie			

Blick ins Schulleben

Auf den folgenden Seiten bekommen Sie einen visuellen Eindruck vom Unterricht an Waldorfschulen. Doch bevor Sie diesen bildlichen Eindruck erhalten, können Sie hier zudem eine kleine Auswahl an sogenannten «Zeugnissprüchen» kennenlernen, die bis zur achten Klasse jeder Schüler mit dem Zeugnis vom Klassenlehrer bekommt. Dieser Spruch ist im nächsten Schuljahr sein persönlicher Begleiter. Oft werden die Sprüche von den Klassenlehrern selbst geschrieben, manchmal findet sich auch ein passendes Gedicht bei einem Kollegen oder in der Literatur. Die folgenden Texte wurden für Kinder verschiedenen Alters verfasst. Weitere sind zu finden unter: www.kullak-ublick.de/15.html.

2. Klasse
«Ach, wenn ich wie die Biene wär':
So flink und schön, nicht klein und schwer!»
Seufzt leis' ein grünes Raupenkind. –
Sieh, wie sich's fein mit Licht umspinnt:
Musst es sich erst als Raupe mühen,
Kann's nun als Schmetterling erblühen.

6. Klasse
Eine Saite kann, wenn sie gespannt wird,
einen Pfeil verschießen oder heilend klingen.
Was jeweils richtig ist, erkennt nur ein Verstand,
der stark genug ist, um die Welt mit Wärme zu durchdringen.

Schulgebäude: Im Unterstufendorf der Flensburger Waldorfschule hat jede Klasse einen eigenen Eingang zu «ihrem» Häuschen. Jedes Jahr wandert sie ein Häuschen weiter, bis es Zeit wird für den Oberstufentrakt.

Schulgebäude: Funktionalität und Schönheit sind kein Widerspruch. Waldorfschulen legen großen Wert darauf, dass die Kinder in einer Umgebung lernen, in der sie sich wohlfühlen und viele Begegnungsräume haben.

Tafelbilder: Die künstlerische Auseinandersetzung mit dem Unterrichtsstoff hilft den Schülern, sich intensiver mit dem Epochenthema zu verbinden. Diese Zeichnung einer afrikanischen Savannenlandschaft entstand für eine siebte Klasse.

Tafelbilder: Geometrie wird durch die Klarheit der Linien schön, Denken und Gestalten gehen Hand in Hand. Diese Zeichnung entstand als künstlerischer Auftakt für eine Epoche, auf die sich der Klassenlehrer besonders freute.

Klassenlehrer: Wer klar denken will, darf auch mit den Händen die Präzision nicht scheuen. Genaue Konstruktionszeichnungen schulen gleichermaßen die Aufmerksamkeit, Konzentration und Geschicklichkeit.

Klassenlehrer: In der siebten Klasse begegnen die Schüler den Polaritäten von Säuren und Laugen durch Feuer und Verbrennung. Umwandlungsprozesse im Lebendigen zeigen die Verdauungsvorgänge im menschlichen Organismus.

Bewegung ... gehört zum Lernen. Insbesondere für die jüngeren Schüler ist die Betätigung ihrer Gliedmaßen ein wichtiges Mittel, um sich in ihrem Körper zu beheimaten und sich mit der Welt (und den anderen Kindern) zu verbinden.

Ruhe ... gehört aber genauso zum Lernen. Deshalb wechseln sich Phasen der Bewegung mit solchen der Ruhe, Konzentration mit Entspannung und vorstellungslastige Kopfarbeit mit künstlerischer Gestaltung ab.

Inklusion: Es ist normal, verschieden zu sein. Wenn Kinder von klein auf gewöhnt sind, dass jeder Mensch besondere Begabungen und besondere Handicaps hat, lernen alle miteinander, Hindernisse mit Phantasie zu überbrücken.

Inklusion: Staunen ist die Mutter allen Lernens. Das gilt für jeden Menschen, denn jeder Mensch will lernen, solange er nur staunen darf. Guter Unterricht ist deshalb auch für die Lehrer die Kunst eines Staunens, das zur Erkenntnis wird.

Formenzeichnen: ... ist ein originäres Waldorf-Fach. Noch bevor die Kinder die Buchstaben kennenlernen, zeichnen sie viele Variationen der «Krummen» und der «Geraden», im zweiten Schuljahr Spiegelungen an Geraden und am Kreis.

Formenzeichnen und Geometrie: In der vierten Klasse folgen komplizierte Flechtbände und freie Formen, später eine elementare «Freihand»-Geometrie. Im sechsten Schuljah beginnt die Konstruktion mit Zirkel und Lineal.

Eurythmie: Wie stehe ich da? Wie bewege ich mich? Was drücke ich darin aus? Wie nehme ich den anderen dabei wahr? Was bewege ich – auch in der Welt? Eurythmie und Sport ergänzen sich in Waldorfschulen komplementär.

Handarbeit: Wer Masche und Masche zusammenfügt, schafft eine Verbindung vom Kopf zu den Händen – und umgekehrt. Die Koordination ist dabei ebenso wichtig wie die Übung, Vorstellungen mit den Händen umzusetzen.

Handarbeit: Von der Schafschur in der ersten Klasse bis zum Schneidern in der Oberstufe ist es ein weiter Weg, auf dem viele Facetten handwerklicher Geschicklichkeit durchlaufen werden.

Kunstunterricht: Was im ersten Schuljahr mit Wasserfarben, Wachsstiften und Knetwachs beginnt, wird die gesamte Schulzeit hindurch in der praktischen Auseinandersetzung mit Farben, Materialien und Stilen gepflegt.

Kunstunterricht: Neben dem Malen und Zeichnen üben sich die Schüler in den aufsteigenden Klassen auch im Umgang mit Holz, Ton, Metall und Stein beim Bau von Skulpturen, Plastiken und im Kunsthandwerk.

Musik: «Ohne Musik wäre das Leben ein Irrtum», sagt Friedrich Nietzsche. An der Waldorfschule hört man sie überall: im Haupt- und Sprachunterricht, der Eurythmie, in Chören, Orchestern, Ensembles und natürlich im Musikunterricht.

Gartenbau: Die Arbeit im eigenen Schulgarten gehört für jeden Mittelstufenschüler zum Unterricht. Bodenbearbeitung, Säen, Jäten, Ernten und die Verarbeitung des Geernteten erfordern viel Aufmerksamkeit.

Gartenbau: Dabei erfahren die Kinder nicht nur etwas über die Erde, die Pflanzen und den Gartenbau, sondern auch über Ökologie, Naturrhythmen und über das Zusammenwirken der verschiedenen Naturreiche.

Landwirtschaft: Viele Schulen haben Tiere, die von den Kindern versorgt werden. Im dritten Schuljahr haben sie eine Landbauepoche, im neunten Schuljahr absolvieren sie ein mehrwöchiges Praktikum auf einem Bauernhof.

Schulküche: Was geerntet wird, wird auch verarbeitet. Da alle Gartenbauprodukte biologisch-dynamisch angebaut werden, eignen sie sich gut für die Schulküche. Viele Schulen haben eine eigene Lehrküche.

Schulküche: Die Mitarbeit in der Küche ist nicht nur lecker, vielfältig und lehrreich, sondern auch ein guter Anlass, im Team Regeln zu beachten und dabei etwas Sinnvolles für die Mitschüler zu tun.

Fremdsprachenunterricht: Vom ersten Schuljahr an werden fremde Sprachen erlauscht, gespielt, gesungen, rezitiert und in Dialogen erprobt. Vom vierten Schuljahr an werden sie auch schriftlich geübt.

Naturwissenschaften: Physik, Chemie, Biologie, Gesteinskunde und Astronomie sind die Schwerpunkte des naturwissenschaftlichen Unterrichts der Mittelstufe. Der phänomenologische Unterricht geht immer von der Erfahrung aus.

Naturwissenschaften: In der Oberstufe treten die abstrakte wissenschaftliche Begriffsbildung und die Auseinandersetzung mit unterschiedlichen Theorien hinzu. Der ergebnisoffene, forschende Ansatz bleibt aber weiterhin wichtig.

EDV: Die bewusste Auseinandersetzung mit der modernen Kommunikationstechnik beginnt in der sechsten Klasse, nachdem die jüngeren Schüler intensiv geübt haben, ihre Sinne und Hände sinnvoll zu gebrauchen.

Technologie: In der Oberstufe geht es darum, die Technologie zu verstehen. Deshalb lernen die Schüler mindestens eine elementare Programmiersprache und den Aufbau der wichtigsten Hardware-Komponenten kennen.

Statt eines Nachworts

Im Vorwort habe ich mich bei meinen Schülern bedankt. Als ihr Lehrer habe ich auch manch einen Fehler gemacht. Deshalb möchte ich mich nicht nur bei ihnen, sondern auch bei ihren Eltern und meinen wunderbaren Kollegen für die Zusammenarbeit und Unterstützung bedanken. Ohne sie könnte eine Waldorfschule sowieso nicht existieren.

Ohne die Lust am Fabulieren, dem nie ermüdenden Optimismus und der Geduld von Maria A. Kafitz wäre dieses Buch nicht entstanden.

Meine Frau Mareike gibt seit dreißig Jahren einen beträchtlichen Teil von mir als Dauerleihgabe an «Waldorf» ab – ihr verdanke ich fast alles, was ich richtig gemacht habe.

Hinweise

Weitere Informationsquellen

Bund der Freien Waldorfschulen e.V.
Wagenburgstr. 6 | 70184 Stuttgart
Telefon +49 (0)7 11/2 10 42-0 | Telefax +49 (0)7 11/2 10 42-19
E-Mail bund@waldorfschule.de
www.waldorfschule.de
(Hier erhalten Sie neben allen wichtigen Informationen und aktuellen
Veranstaltungen auch eine Liste der Schulen in Ihrer Nähe)

Freunde der Erziehungskunst Rudolf Steiners e.V.
www.freunde-waldorf.de

Büro Karlsruhe
(Freiwilligendienste, Notfallpädagogik)
Neisser Str. 10 | 76139 Karlsruhe
Telefon +49 (0)7 21/35 48 06-0 | Telefax +49 (0)7 21/35 48 06-160

Büro Berlin
(Waldorf weltweit, WOW-Day, Patenschaften)
Weinmeisterstraße 16 | 10178 Berlin
Telefon +49 (0) 30/6 170 26 30 | Telefax +49 (0) 30/61 70 26 33

(Die Freunde der Erziehungskunst unterstützen seit 1976 Waldorfschulen,
-kindergärten, heilpädagogische Einrichtungen und soziale Projekte weltweit. Sie betreuen Freiwilligendienste, Schülerhilfsaktionen,
notfallpädagogische Einsätze, Patenschaften u.a.m.)

Vom gleichen Autor

Henning Kullak-Ublick (Hrsg.): *Erziehung zur Freiheit – in Freiheit:*
Aktion mündige Schule. Flensburg 2000.
Monatlich erscheint die Kolumne «Standpunkt» in der Zeitschrift-
erziehungsKUNST. Waldorfpädagogik heute.
Zeugnissprüche und Tafelzeichnungen sind zu finden unter:
www.kullak-ublick.de/home.html.

Einführende Literatur

Reihe *Blickpunkt:* www.waldorfschule.de/medien/blickpunkte
Frans Carlgren: *Erziehung zur Freiheit,* Stuttgart [10]2009.
Marie-Luise Compani, Peter Lang (Hrsg.): *Waldorfkindergarten heute.*
Eine Einführung. Stuttgart 2011.
Johannes Kiersch: *Die Waldorfpädagogik. Eine Einführung in die Pädagogik*
Rudolf Steiners. Stuttgart [20]2010.
Peter Loebell (Hrsg.): *Waldorfschule heute. Eine Einführung,* Stuttgart 2011.
Christof Wiechert: *Die Waldorfschule. Eine Einführung.* Dornach 2014.

Wissenschaftliche Studien

Sylvia Liebenwein, Heiner Barz, Dirk Randoll: *Bildungserfahrungen an*
Waldorfschulen. Wiesbaden 2012.
Heiner Barz, Dirk Randoll: *Absolventen von Waldorfschulen: Eine empirische*
Studie zu Bildung und Lebensgestaltung. Wiesbaden 2012.
Wenzel M. Götte, Peter Loebell, Klaus-Michael Maurer: *Entwicklungs-*
aufgaben und Kompetenzen: Zum Bildungsplan der Waldorfschule.
Stuttgart [2]2014.
Dirk Randoll: *Waldorfpädagogik auf dem Prüfstand.* Berlin 1999.

Ausgewählte Texte Rudolf Steiners

Rudolf Steiner: *Grundlage und Zielsetzung der Waldorfschule,*
Dornach / Basel [2]2007.
Ders.: *Die Erziehung des Kindes,* Dornach / Basel 2003.
Ders.: *Theosophie,* Dornach / Basel [32]2012.
Ders.: *Die Philosophie der Freiheit,* Dornach / Basel [9]2011.

Medien

Paula Bleckmann: *Medienmündig. Wie unsere Kinder selbstbestimmt mit dem Bildschirm umgehen lernen.* Stuttgart ³2013.
Edwin Hübner: *Individualität und Bildungskunst. Menschwerdung in technischen Räumen.* Heidelberg 2010.
Christoph Möller (Hrsg.): *Internet- und Computersucht. Ein Praxishandbuch für Therapeuten, Pädagogen und Eltern.* Stuttgart 2011.
Andreas Neider: *Medienbalance. Erziehen im Gleichgewicht mit der Medienwelt. Ein Elternratgeber.* Stuttgart 2008.

Kontrovers

Robert Rose: *Transforming Criticisms of Anthroposophy and Waldorf Education. Evolution, Race and Quest for Global Ethics.* Centre für Philosophy and Anthroposophy 2013.
Volker Frielingsdorf: *Waldorfpädagogik kontrovers. Ein Reader.* Weinheim 2012.

Magazin

erziehungsKUNST. Waldorfpädagogik heute.
Monatlich erscheinende Zeitschrift zur Pädagogik
www.erziehungskunst.de

DVD / Film

Guten Morgen, liebe Kinder und *Eine Brücke in die Welt*
In diesen zwei Filmen von Maria Knilli, die im Auftrag des Bayerischen Rundfunks entstanden, wurde eine Waldorfklasse von der ersten bis zur dritten und von der vierten bis zur sechsen Klasse begleitet.
What moves you
Ein Film von Christian Labhart über ein internationales Eurythmie-Jugend-Projekt in Berlin 2013. www.whatmovesyou-film.com

Lernen Sie die **erziehungsKUNST** kennen!

erziehungsKUNST
Waldorfpädagogik heute

Die Zeitschrift für Eltern, Lehrer und Studierende sowie alle an der Waldorfpädagogik Interessierte ist erhältlich beim

Verlag Freies Geistesleben
Landhausstr. 82 | 70190 Stuttgart
Leser- und Abo-Service: Tel.: +49 (0)7 11/2 85 32 -28
Telefax: +49 (0)7 11/2 85 32 -10
E-Mail: leserservice@geistesleben.com

288 Seiten, durchgeh. farb, gebunden
ISBN 978-3-7725-1619-1

Erziehung zur Freiheit ist die weithin bekannte, grundlegende Einführung in die Pädagogik Rudolf Steiners.

In einer überzeugenden Verbindung von Text und Bild stellt das reich ausgestattete Buch diese weltweite Schulbewegung vor, die als Alternative zum staatlichen Schulwesen nichts von ihrer Attraktivität eingebüßt hat. Sehr anschaulich und ausführlich stellt Frans Carlgren die Grundzüge dieser Pädagogik von der ersten bis zur zwölften Klasse vor.

Verlag Freies Geistesleben